Yasmina Reza

Glücklich
die Glücklichen

Roman

Aus dem Französischen von Frank Heibert
und Hinrich Schmidt-Henkel

FISCHER Taschenbuch

Erschienen bei FISCHER Taschenbuch
Frankfurt am Main, Oktober 2015

Lizenzausgabe mit freundlicher Genehmigung
des Carl Hanser Verlags, München
Die Originalausgabe erschien unter dem Titel
›Heureux les heureux‹ bei Flammarion, Paris 2013
© Yasmina Reza, Flammarion 2013
Für die deutsche Ausgabe:
© Carl Hanser Verlag München 2014

Das Motto aus *Fragmente eines apokryphen Evangeliums* sowie
das Zitat aus *1964* auf S. 22 stammen aus Jorge Luis Borges,
›Gesammelte Werke in zwölf Bänden. Band 8: Der Gedichte
zweiter Teil‹, aus dem Spanischen von Gisbert Haefs, Carl Hanser
Verlag, München 2007.
Die Zitate auf S. 66 und S. 79 stammen aus Samuel Beckett,
›Glückliche Tage‹, aus dem Englischen von Erika und Elmar
Tophoven © 1975 Suhrkamp Verlag, Frankfurt a. M., und Cesare
Pavese, ›Das Handwerk des Lebens. Tagebuch 1935 – 1950‹, aus
dem Italienischen von Maja Pflug © 2000 Claassen Verlag in der
Ullstein Buchverlage GmbH, Berlin.

Druck und Bindung: CPI books GmbH, Leck
Printed in Germany
ISBN 978-3-596-03267-9

Für Moïra

*»Felices los amados y los amantes y los que pueden
prescindir del amor.
Felices los felices.«*

»Glücklich die Geliebten und die Liebenden
und die auf die Liebe verzichten können.
Glücklich die Glücklichen.«

Jorge Luis Borges

Robert Toscano

Wir waren bei den Wochenendeinkäufen im Supermarkt. Irgendwann sagt sie, stell dich schon mal in die Käseschlange, ich kümmer mich um die anderen Lebensmittel. Als ich wiederkam, war der Einkaufswagen halb voll mit Müsli, Keksen, Pulvernahrung in Tüten und lauter Dessertcremes, und ich sag, wozu das alles? – Wie, wozu das alles? Ich sag, wozu soll das gut sein? – Du hast Kinder, Robert, die mögen Crunchy-Müsli, die mögen Schokotäfelchen, auf Kinder-Bueno stehen sie total, sie hielt mir die Packungen hin, und ich sag, das ist doch absurd, sie mit Zucker und Fett vollzustopfen, dieser Einkaufswagen ist absurd, und sie darauf, was für Käse hast du gekauft? – Einen kleinen Ziegenkäse und einen Morbier. – Was, keinen Schweizer, schreit sie auf. – Hab ich vergessen, und ich geh auch nicht noch mal hin, zu lange Schlange. – Du weißt genau, wenn du nur einen einzigen Käse kaufen müsstest, dann Schweizer, wer isst bei uns denn Morbier? Wer? – Ich, sag ich. – Seit wann isst du Morbier? Wer will schon Morbier essen? – Hör auf, Odile, sag ich. – Wer mag denn diesen Scheiß-Morbier?! Subtext natürlich »außer deiner Mutter«, neulich hat meine Mutter mal eine Schraube in einem Morbier gefunden, schrei nicht so, Odile, sag ich. Sie zerrt am Einkaufswagen rum und schmeißt ein Dreierpack

Milka-Vollmilch rein. Ich nehm die Schokolade und leg sie wieder ins Regal. Und noch schneller lag sie wieder drin. – Ich hau ab, sag ich. Sie darauf, na dann hau doch ab, hau ruhig ab, mehr kannst du nicht sagen, ich hau ab, deine einzige Antwort; sobald dir die Argumente ausgehen, sagst du, ich hau ab, immer gleich diese absurde Drohung. Es stimmt schon, ich sag oft, ich hau ab, das gebe ich zu, aber wie soll ich es nicht sagen, wenn ich zu nichts anderem Lust habe, wenn ich keinen anderen Ausweg weiß als sofortige Fahnenflucht, aber ich gebe auch zu, dass ich das dann, nun ja, als Ultimatum formuliere. – Gut, bist du jetzt fertig mit Einkaufen?, sag ich zu Odile und schiebe mit einem abrupten Stoß den Einkaufswagen vorwärts, sonst brauchen wir keinen Mist mehr? – Wie redest du mit mir! Ist dir klar, wie du mit mir redest! Ich sage, geh weiter. Los! Nichts ärgert mich mehr als diese plötzliche Beleidigtheit, wenn alles stehenbleibt, alles erstarrt. Natürlich könnte ich sagen, Entschuldige bitte. Nicht einmal, ich müsste es zweimal sagen, im passenden Tonfall. Wenn ich zweimal im passenden Tonfall Entschuldige bitte sagen würde, könnten wir mehr oder weniger normal in den restlichen Tag starten, nur hab ich überhaupt keine Lust, diese Worte auszusprechen, es ist mir physiologisch unmöglich, wenn sie mitten im Gang mit den Gewürzen stehenbleibt, vor Entrüstung und Unglück entgeistert. – Geh weiter, Odile, bitte, sage ich beherrscht, mir ist heiß, und ich muss noch einen Artikel fertigschreiben. – Entschuldige dich, sagt sie. Wenn sie das in normalem Ton sagen würde, Entschuldige dich, dann könnte ich es sogar tun, aber sie raunt, sie verleiht ihrer Stimme etwas Tonloses, das ich nicht hinnehmen kann. Ich sage, bitte, ich bleibe ruhig, bitte, ganz beherrscht, ich sehe mich mit Vollgas über eine Stadtautobahn fahren und in voller Lautstärke *Sodade* hören, ein Lied, das ich vor kurzem entdeckt habe und von dem ich nichts verstehe, nur die Einsamkeit in der Stimme und das Wort Einsamkeit, das unendlich oft wiederholt wird, obwohl ich gehört habe, es bedeutet gar nicht Einsamkeit, sondern Sehnsucht, Mangel, Bedauern, Schwermut, lauter intime, nicht mitteilbare Dinge, die Einsamkeit bedeuten, so wie der alltägliche Einkaufswagen Einsamkeit bedeutet, der Gang mit Öl und Essig und der Mann, der im Neonlicht seine Frau inständig bittet. Ich sage, entschuldige bitte. Entschuldige bitte, Odile. Odile muss in dem Satz nicht unbedingt vorkommen. Klar. Odile ist nicht freundlich, ich füge Odile hinzu, um meine Ungeduld zu signalisieren, aber ich habe nicht damit gerechnet, dass sie sich mit fliegenden Armen umdreht und auf die Tiefkühlprodukte zuläuft, also in den hintersten Tiefen des Supermarkts verschwindet, ohne ein Wort, und ihre Handtasche lässt sie im Einkaufswagen. – Was machst du denn, Odile?, rufe ich, ich habe noch zwei Stunden, um einen sehr wichtigen Text über den neuen Run aufs Gold zu schreiben!, rufe ich. Ein völlig lächerlicher Satz. Sie ist aus meinem Blickfeld verschwunden. Die Leute starren mich an. Ich packe den Einkaufswagen und schiebe ihn in den hinteren Teil des Supermarkts, ich kann sie nicht mehr sehen (sie hatte schon immer das Talent zu verschwinden, auch in angenehmen Situationen), ich rufe, Odile! Ich komme zu den Getränken, niemand: – Odile! Odile! Ich merke sehr wohl, dass ich die Leute ringsum irritiere, aber das ist mir völlig egal, ich durchpflüge mit dem Einkaufswagen die Gänge, ich hasse diese Supermärkte, und plötzlich sehe ich sie, in der Käseschlange, die noch länger ist als vorhin, sie hat sich wieder in die Käseschlange gestellt! Odile, sage ich, als ich sie erreicht habe, ich spreche wohldosiert, Odile, das dauert noch zwanzig Minuten, bis du drankommst, gehen wir hier weg und kaufen den Schweizer woanders. Keine Antwort. Was macht sie? Sie wühlt im Einkaufswagen herum und fischt den Morbier wieder heraus. – Du willst jetzt nicht den Morbier zurückgeben?, sage ich. – Doch. – Den schenken wir Maman, sage ich, um die Stimmung aufzuhellen. – Meine Mutter hat vor kurzem eine Schraube in einem Morbier gefunden. Odile lächelt nicht. Sie steht aufrecht und beleidigt in der Büßerschlange. Meine Mutter sagte zu ihrem Käsehändler, ich bin niemand, der immer Geschichten macht, aber Ihrem erstklassigen Ruf als Käsehändler zuliebe muss ich Ihnen mitteilen, dass ich in Ihrem Morbier einen Schraubenbolzen gefunden habe, dem Typ war das vollkommen wurscht, er hat ihr nicht mal die drei Rocamadours geschenkt, die sie an dem Tag kaufen wollte. Meine Mutter gibt damit an, dass sie ohne mit der Wimper zu zucken bezahlt und mehr Format gezeigt hat als der Käsehändler. Ich trete zu Odile und sage leise, ich zähle bis drei, Odile. Ich zähle bis drei. – Hörst du mich? Und warum nur denke ich in dem Moment, als ich das sage, an die Hutners, ein befreundetes Paar, das sich, koste es, was es wolle, im ehelichen Wohlergehen eingerichtet hat, sie nennen einander neuerdings »mein Herz« und sagen Sätze à la »Heute Abend essen wir was Schönes, mein Herz«. Ich weiß nicht, warum mir die

Hutners einfallen, wo mich gerade ein ganz entgegengesetzter Zorn erfüllt, aber vielleicht besteht gar kein so großer Unterschied zwischen Heute Abend essen wir was Schönes, mein Herz und Ich zähle bis drei, Odile, in beiden Fällen liegt eine Art Wesensverengung vor, damit man die Zweisamkeit erträgt, eine natürlichere Harmonie kann es nicht geben als in dem Essen wir was Schönes, mein Herz, meine ich, nein, nein, und nicht weniger Abgründe, nur dass mein Ich zähle bis drei ein kleines Zucken in Odiles Gesicht hervorgerufen hat, ein Kräuseln der Lippen, einen winzigen Vorboten des Lachens, dem ich selbst auf gar keinen Fall nachgeben darf, logisch, solange ich nicht eindeutig grünes Licht dafür habe, auch wenn ich große Lust dazu verspüre, aber ich muss so tun, als hätte ich nichts gesehen, ich beschließe zu zählen, ich sage *eins*, ich flüstere es deutlich, die Frau gleich hinter Odile hat einen Logenplatz, Odile schiebt mit ihrer Schuhspitze etwas Verpackungsmüll weg, die Schlange wird länger und rückt kein bisschen vorwärts, ich muss jetzt zwei sagen, ich sage *zwei*, das Zwei ist offen, edel, die Frau dahinter drängt sich an uns, sie trägt einen Hut, eine Art umgestülpten Eimer aus weichem Filz, ich kann Frauen mit solchen Hüten nicht ausstehen, so ein Hut ist ein ganz schlechtes Zeichen, ich lege etwas in meinen Blick, das sie einen Meter zurückweichen lässt, aber es geschieht nichts, sie betrachtet mich neugierig, sie mustert mich abschätzig, riecht sie so übel? Frauen, die sich in mehreren Lagen kleiden, verströmen oft einen bestimmten Geruch, oder liegt das jetzt an der Nähe zu den fermentierten Milchprodukten? Das Handy in der Innentasche meiner Jacke vibriert. Mit zusammengekniffenen Augen versuche ich den Namen des Anrufers zu entziffern, weil ich keine Zeit habe, meine Brille herauszufischen. Es ist ein Mitarbeiter, der mir einen Tipp zu den Goldreserven der Deutschen Bundesbank geben kann. Ich sage ihm, dass ich gerade im Gespräch bin, und bitte ihn, mir eine Mail zu schicken, ich sage es, um die Sache abzukürzen. Vielleicht ist dieser kurze Anruf ja eine Chance: ich beuge mich vor und raune Odile ins Ohr, mit einer Stimme voller Verantwortungsbewusstsein, mein Chefredakteur will einen Infokasten über das Staatsgeheimnis der deutschen Reserven, und bislang habe ich null Infos darüber. – Und, wen interessiert's?, sagt sie. Mit heruntergezogenen Mundwinkeln verhärtet sie sich, damit ich die Belanglosigkeit des Themas ermessen kann und, was noch schwerer wiegt, die Belanglosigkeit meiner Arbeit, meiner Bemühungen im Allgemeinen, als könnte man nichts mehr von mir erwarten, nicht einmal ein Bewusstsein für meinen eigenen Mangel an Ehrgeiz. Frauen nutzen alles, um dich runterzumachen, sie rufen dir liebend gern in Erinnerung, was für eine Enttäuschung du bist. Odile ist gerade einen Platz in der Käseschlange vorgerückt. Sie hat ihre Handtasche an sich genommen und hält immer noch den Morbier fest. Mir ist heiß. Ich ersticke. Ich wäre gern weit weg, ich weiß weder, was wir hier tun, noch, worum es eigentlich geht. Ich würde gern im Osten Kanadas auf Schneeschuhen dahingleiten, wie Graham Boer, der Goldsucher und Held meines Artikels, in vereisten Tälern die Piste mit Pflöcken markieren oder mit der Axt Bäume einkerben. Hat er Frau und Kinder, dieser Boer? Ein Typ, der Grizzlys und Temperaturen von minus dreißig trotzt, wird sich kaum in einem Supermarkt den letzten Nerv rauben lassen, während alle Welt ihre Einkäufe macht. Ist das der richtige Ort für einen Mann? Wer kann schon in diesen Neongängen voll unzähliger Großpackungen herumirren, ohne in Mutlosigkeit zu verfallen? Und zu wissen, dass man dorthin zurückkehren wird, zu allen Jahreszeiten, ob man es will oder nicht, denselben Wagen im Schlepptau, unter dem Kommando einer immer unnachgiebigeren Frau. Vor nicht allzu langer Zeit sagte mein Schwiegervater, Ernest Blot, zu unserem neunjährigen Jungen, ich kauf dir einen neuen Stift, mit dem da machst du dir die Finger fleckig. Antoine antwortete ihm, nicht nötig, ich brauche keinen Stift mehr, um glücklich zu sein. Das ist das Geheimnis, sagte Ernest, und dieses Kind hat es verstanden, den Anspruch auf Glück auf das Minimum zu reduzieren. Mein Schwiegervater ist der Weltmeister solcher überzogener Lebensweisheiten, die seinem Temperament völlig widersprechen. Ernest hat noch nie die geringste Verringerung seines Lebenspotentials gestattet (vergessen wir das Wort Glück). Als er nach seiner Bypass-Operation zum Rhythmus des Rekonvaleszenten gezwungen war und das Leben in bescheidenem Rahmen wieder lernen musste, ebenso wie die häusliche Zwangsarbeit, der er stets ausgewichen war, hatte er sich von Gott höchstpersönlich ins Visier genommen und mattgesetzt gefühlt. – Odile, wenn ich drei sage, wenn ich die Zahl Drei ausspreche, dann bin ich weg, dann nehme ich das Auto und lass dich mit dem Einkaufswagen sitzen. – Das würde mich wundern, sagt sie. – Das würde dich wundern, aber genau das tue ich, in zwei Sekunden. – Du kannst nicht mit dem Auto weg, Robert, ich habe die Schlüssel in der Handtasche. Ich suche umso dämlicher in meinen Taschen herum, als ich mich erinnere, dass ich mich selber der Schlüssel entledigt habe. – Gib sie bitte her. Odile lächelt. Sie keilt die Schultertasche zwischen ihren Körper und die Käsevitrine. Ich trete näher, um an der Handtasche zu ziehen. Ich ziehe. Odile leistet Widerstand. Ich ziehe am Riemen. Sie krallt sich daran fest und hält dagegen. Es macht ihr Spaß! Ich packe die Handtasche am Boden, in einem anderen Kontext hätte ich keinerlei Mühe, ihr die Tasche zu entreißen. Sie lacht. Sie klammert sich fest. Sie sagt, sagst du nicht drei? Warum sagst du nicht *drei*? Sie nervt mich. Und dass diese Schlüssel in der Handtasche sind, nervt mich auch. Aber ich mag es, wenn Odile so ist. Und ich sehe sie gern lachen. Ich bin haarscharf davor, mich zu entspannen und dem neckischen Spiel zu verfallen, als ich ganz in der Nähe ein Glucksen vernehme, und ich sehe die Frau mit Filzhut, wie sie, ganz trunken vor weiblichem Einverständnis, mir offen ins Gesicht lacht, völlig schamlos. Mir bleibt keine Wahl. Ich werde brutal. Ich presse Odile gegen das Plexiglas und versuche, mir einen Weg in die Handtasche zu bahnen, sie wehrt sich, beschwert sich, ich täte ihr weh, ich sage, gib jetzt diese Schlüssel her, verdammte Scheiße, sie sagt, du spinnst ja, ich entreiße ihr den Morbier und schmeiße ihn in den Gang, schließlich ertaste ich die Schlüssel in dem Handtaschenchaos, angle sie heraus, schüttele sie vor ihren Augen und lasse Odile dabei nicht los, ich sage, wir hauen hier sofort ab. Die Frau mit dem Hut schaut jetzt entsetzt drein, ich sage zu ihr, du lachst ja gar nicht mehr, was ist?

Ich zerre Odile und den Einkaufswagen, ich manövriere sie an den Verkaufsständen vorbei und zu den Kassen am Ausgang, ich halte ihr Handgelenk fest gepackt, obwohl sie sich gar nicht mehr wehrt, eine Unterwürfigkeit, die nichts Unschuldiges an sich hat, mir wäre lieber, ich müsste sie rauszerren, am Ende muss ich es immer teuer bezahlen, wenn sie ihr Märtyrerkostüm anlegt. An den Kassen ist natürlich auch eine Schlange. Wir stellen uns in diese tödliche Reihe, ohne ein Wort. Ich habe Odiles Arm losgelassen, sie tut jetzt so, als wäre sie eine normale Kundin, ich sehe sogar, wie sie die Dinge im Einkaufswagen sortiert und ein bisschen aufräumt, um das Einpacken zu erleichtern. Auf dem Parkplatz fällt kein Wort. Im Wagen ebenso wenig. Es ist dunkel. Die Straßenlichter schläfern uns ein, und ich lege die CD mit den portugiesischen Liedern auf, mit der Frauenstimme, die dasselbe Wort wiederholt bis ins Unendliche.

Marguerite Blot

In den fernen Tagen meiner Ehe gab es in dem Hotel, wo wir im Sommer mit der Familie hinfuhren, eine Frau, die jedes Jahr wiederkam. Heiter, elegant, sportlich geschnittene graue Haare. Sie war überall, ging von einer Gruppe zur anderen und aß jeden Abend an einem anderen Tisch. Oft sah man sie am Spätnachmittag mit einem Buch. Sie setzte sich immer in eine Ecke des Salons, damit sie im Auge behielt, wer kam und ging. Bei jedem bekannten Gesicht strahlte sie und winkte mit ihrem Buch wie mit einem Taschentuch. Eines Tages kam sie mit einer großen brünetten Frau im duftigen Plisseerock. Sie waren unzertrennlich. Sie speisten vorm See, spielten Tennis, spielten Karten. Ich fragte nach, wer diese Frau sei, und bekam zu hören, ihre Gesellschafterin. Ich akzeptierte dieses Wort, so wie man ein normales Wort ohne besondere Bedeutung eben akzeptiert. Jedes Jahr tauchten sie zur selben Zeit dort auf, und ich sagte mir, ah, da ist Madame Compain mit ihrer Gesellschafterin. Dann gab es einen Hund, den eine von beiden an der Leine führte, aber er gehörte offenkundig Madame Compain. Jeden Morgen sah man sie zu dritt losgehen, der Hund zerrte sie voran, sie versuchten ihn zu halten, indem sie seinen Namen in allen Tonlagen riefen, aber vergebens. Diesen Winter im Februar, also viele Jahre danach, bin ich mit meinem erwachsenen Sohn in die Berge gefahren. Er läuft natürlich Ski mit seinen Freunden, ich wandere. Ich liebe das Wandern, ich liebe den Wald und die Stille. Im Hotel hatte man mir einige Wanderwege empfohlen, aber ich wagte mich nicht an sie heran, weil sie zu weit wegführten. In den Bergen und im Schnee sollte man nicht allein und nicht allzu weit weg sein. Lachend dachte ich, ich sollte eine Annonce bei der Rezeption aufhängen, alleinstehende Frau sucht angenehme Begleitung zum Wandern. Und da fiel mir gleich Madame Compain mit ihrer Gesellschafterin ein, und mir wurde klar, was *Gesellschafterin* eigentlich heißen sollte. Diese Erkenntnis jagte mir einen Schrecken ein, weil Madame Compain auf mich immer den Eindruck einer etwas verlorenen Frau gemacht hatte. Auch wenn sie mit den Leuten lachte. Wenn ich es recht bedenke, vielleicht sogar gerade, wenn sie lachte und sich für den Abend schön angezogen hatte. Ich wandte mich an meinen Vater, mit anderen Worten, ich hob die Augen gen Himmel und murmelte, Papa, dass ich bloß keine Madame Compain werde! Es war lange her, dass ich mich an meinen Vater gewandt hatte. Seit er gestorben ist, bitte ich ihn manchmal, in mein Leben einzugreifen. Ich blicke gen Himmel und spreche mit heimlicher, dringlicher Stimme zu ihm. Er ist der einzige, an den ich mich wenden kann, wenn ich mich ohnmächtig fühle. Außer ihm kenne ich niemanden im Jenseits, der von dort aus auf mich achtgeben würde. Ich komme nie auf den Gedanken, mit Gott zu sprechen. Ich war immer der Ansicht, dass man Gott nicht stören darf. Man kann nicht direkt zu ihm sprechen. Er hat keine Zeit, sich mit Einzelfällen zu beschäftigen. Oder wenn, dann mit außergewöhnlich ernsten Fällen. Im Konzert der Fürbitten sind meine im Grunde lächerlich. Ich empfinde dasselbe wie meine Freundin Pauline, als sie eine Halskette wiederfand, die sie von ihrer Mutter geerbt und im hohen Gras verloren hatte. Bei der anschließenden Fahrt durch ein Dorf hielt ihr Mann vor einer Kirche an und wollte hineinstürmen. Die Tür war verschlossen, und er rüttelte panisch am Riegel. – Was machst du denn da? – Ich will Gott danken, antwortete er. – Gott ist das egal! – Ich will der heiligen Jungfrau danken. – Hör mal, Hervé, falls es Gott gibt, falls es die heilige Jungfrau gibt, meinst du, dass vom Universum aus gesehen und in Anbetracht der irdischen Misshelligkeiten meine Halskette für sie irgendeine Rolle spielt?! ... Ich rufe also meinen Vater an, der mir erreichbarer scheint. Ich bitte ihn um klar benannte Hilfestellung. Vielleicht, weil ich angesichts der Umstände ganz präzise Dinge begehre, aber auch, weil ich, unterschwellig, seine Fähigkeiten testen will. Es ist immer derselbe Hilferuf. Es soll sich bittebitte etwas bewegen. Aber mein Vater ist eine Niete. Er hört mich nicht, oder er besitzt keinerlei Macht. Ich finde es jämmerlich, dass die Toten keinerlei Macht besitzen. Ich missbillige diese radikale Trennung der Welten. Ab und zu schreibe ich ihm prophetisches Wissen zu. Ich denke: Er kommt deinen Wünschen nicht nach, weil er weiß, dass sie dir nicht zum Vorteil gereichen würden. Das geht mir auf die Nerven, möchte ich gern sagen, was mischst du dich da ein, aber ich kann sein Nichthandeln wenigstens als bewussten Akt betrachten. Bei Jean-Gabriel Vigarello, dem letzten Mann, in den ich mich verliebt habe, war es genau dasselbe. Jean Gabriel Vigarello ist ein Kollege von mir, Mathematiklehrer am Camille-Saint-Saëns-Gymnasium, wo ich Spanisch unterrichte. Aus dem Abstand betrachtet kann ich nur sagen, mein Vater hatte keineswegs unrecht. Aber der Abstand, was ist das? Das Alter. Die himmlischen Werte meines Vaters bringen mich zur Verzweiflung, bei genauerer Betrachtung sind sie sehr spießig. Zu Lebzeiten glaubte er an die Sterne, an Spukhäuser und allen möglichen esoterischen Tinnef. Mein Bruder Ernest, der geradezu stolz auf seinen Unglauben ist, ähnelt ihm jeden Tag ein bisschen mehr. Neulich sagte er mal wieder, auf sich selbst bezogen, »Die Sterne stellen Tendenzen dar, keine Vorherbestimmungen«. Mein Vater war ganz vernarrt in diese Formel, das hatte ich vergessen, und er verknüpfte sie in fast bedrohlicher Weise mit dem Namen Ptolemäus. Ich dachte, wenn die Sterne nichts vorherbestimmen, was, Papa, konntest du dann von der unmittelbaren Zukunft wissen? Für Jean-Gabriel Vigarello interessierte ich mich von dem Tag an, als mir seine Augen auffielen. Sie waren gar nicht so leicht zu sehen, wegen seiner Frisur, lange Haare, die die Stirn verschwinden ließen, eine zugleich hässliche und für einen Mann seines Alters unmögliche Frisur. Ich dachte sofort, dieser Mann hat eine Frau, die sich nicht um ihn kümmert (selbstverständlich ist er verheiratet). Man lässt doch einen Mann von fast sechzig Jahren nicht mit so einer Frisur herumlaufen. Und vor allem sagt man ihm, versteck deine Augen nicht. Blaugrau changierende Augen, spiegelnd wie Bergseen. Eines Abends saß ich allein mit ihm in einem Café in Madrid (wir hatten für drei Klassen eine Schulfahrt nach

Madrid organisiert), da fasste ich mir ein Herz und sagte zu ihm, Sie haben sehr sanfte Augen, Jean-Gabriel, es ist doch völlig unsinnig, dass Sie sie verstecken. Dieser Satz, eine Flasche Carta de Oro, eins führte zum andern, und wir landeten in meinem Zimmer, das auf einen Hof mit miauenden Katzen hinausging. Wieder in Rouen, tauchte er sofort wieder in sein Alltagsleben ab. Wir begegneten uns auf den Schulkorridoren, als wäre nichts passiert, er schien es immer eilig zu haben, die Aktentasche in der linken Hand, den Körper zur selben Seite geneigt und den graumelierten Pony tiefer im Gesicht denn je. Diese wortlose Manier der Männer, einen auf den Boden der Tatsachen zurückzuholen, finde ich ziemlich jämmerlich. Als müsste man uns vorsorglich daran erinnern, dass im Leben nichts von Dauer ist. Ich dachte mir, ich lege ihm eine Nachricht ins Postfach. Eine unverfängliche Nachricht, geistreich, eine kleine Erinnerung an eine Anekdote aus Madrid. Ich deponierte die Nachricht an einem Vormittag, an dem ich wusste, dass er da war. Keine Antwort. Nicht an jenem Tag und nicht an den nächsten. Wir grüßten uns, als ob nichts wäre. Da überkam mich eine Art Kummer, Liebeskummer kann ich gar nicht dazu sagen, eher eine Art Verlassenheitskummer. Es gibt ein Gedicht von Borges, das mit den Worten beginnt: »Ya no es mágico el mundo. Te han dejado«, »Längst ist die Welt entzaubert. Man hat dich verlassen«. *Verlassen*, schreibt er, ein geräuschloses Alltagswort. Alle können einen verlassen, selbst ein Jean-Gabriel Vigarello mit seiner fünfzig Jahre verspäteten Beatles-Frisur. Ich bat meinen Vater, sich einzuschalten. Inzwischen hatte ich noch eine Nachricht reingelegt, nur einen Satz, »Vergiss mich

nicht ganz, Marguerite«. Das *ganz* schien mir ideal, um seine
Ängste zu zerstreuen, falls er welche hatte. Eine kleine Erinnerung, in scherzhaftem Ton. Ich sagte zu meinem Vater, ich
habe mir nichts anmerken lassen, aber du siehst ja, es tut sich
nichts, und bald bin ich alt. Ich sagte zu meinem Vater, um
17 Uhr verlasse ich das Gymnasium, jetzt ist es neun Uhr vor-
mittags, du hast acht Stunden Zeit, um Jean-Gabriel Vigarello eine charmante Antwort einzugeben, die ich dann in meinem Postfach oder auf meinem Handy vorfinde. Mein Vater
hat keinen Finger gerührt. Aus dem Abstand betrachtet hat
er recht. Er hielt nie viel von meinen absurden Vernarrtheiten. Er hat recht. Man sucht sich irgendein Gesicht aus, man
schafft sich Rettungsbojen in der Zeit. Jeder möchte etwas zu
erzählen haben. Früher stürzte ich mich in die Zukunft, ohne
nachzudenken. Madame Compain war bestimmt auch so
eine, die zu absurden Vernarrtheiten neigte. Wenn sie allein
ins Hotel kam, hatte sie immer mehrere Koffer dabei. Jeden
Abend sah man sie in einem anderen Kleid, mit einer anderen Halskette. Sie trug ihren Lippenstift bis auf die Zähne,
das gehörte zu ihrer Eleganz. Sie ging von einem Tisch zum
andern, trank ein Glas mit der einen Gruppe, dann mit der
nächsten, und führte angeregte Gespräche, vor allem mit
Männern. Damals war ich mit meinem Mann und den Kindern dort. Eine kleine Blase im Warmen, aus der man in die
Welt hinausschaut. Madame Compain schwebte wie ein
Nachtfalter umher. In allen Ecken, in die Licht drang, und
sei es noch so schwach, zeigte sich Madame Compain mit
ihren Flügeln aus Spitze. Seit meiner Kindheit stelle ich mir
die Zeit bildlich vor. Ich sehe das Jahr als gleichschenkliges

Trapez. Der Winter ist oben, eine gerade, stabile Linie. Herbst und Frühling hängen wie ein Rock daran. Und der Sommer war schon immer eine lange, flache Grundlinie. Heute habe ich den Eindruck, dass die Ecken sich rundgeschliffen haben, die Form ist nicht mehr stabil. Was sagt mir das? Ich darf keine Madame Compain werden. Ich werde mal ernsthaft mit meinem Vater reden. Ich werde ihm sagen, dass er eine einzigartige Gelegenheit bekommt, sich zu offenbaren, und zwar zu meinem Vorteil. Ich werde ihn bitten, die Geometrie meines Lebens wiederherzustellen. Es handelt sich um etwas ganz Einfaches, leicht zu bewerkstelligen. Könntest du, setze ich an, mir jemanden über den Weg laufen lassen, der fröhlich ist, mit dem ich zusammen lachen könnte und der gern wandert? Bestimmt kennst du jemanden, der seinen Schal flach übereinandergelegt in einem altmodischen Mantel trägt, der mich mit sicherem Arm stützt und der mich in den Schnee und den Wald mitnimmt, ohne dass wir uns verlaufen.

Odile Toscano

Alles regt ihn auf. Meinungen, Dinge, Leute. Alles. Man kann nicht mehr aus dem Haus gehen, ohne dass es ein schlimmes Ende nimmt. Ich überrede ihn auszugehen, aber danach tut es mir fast immer leid. Wir verabschieden uns mit albernen Witzeleien, auf dem Treppenabsatz lachen wir noch, und im Fahrstuhl breitet sich sofort Kälte aus. Dieses Schweigen müsste man mal untersuchen, vor allem auf Autofahrten herrscht es, wenn man nachts nach Hause fährt, nachdem man sein Wohlergehen zur Schau gestellt hat, eine Mischung aus Mobilisierung und Selbstlüge. Ein Schweigen, das nicht einmal das Radio erträgt, denn wer würde in diesem Krieg zweier stummer Widersacher wagen, es einzuschalten? Heute Abend, während ich mich ausziehe, lässt sich Robert wie immer viel Zeit im Kinderzimmer. Ich weiß, was er tut. Er kontrolliert ihren Atem. Er beugt sich über sie und überprüft in aller Ruhe, ob sie auch nicht tot sind. Dann sind wir beide im Bad. Keinerlei Kommunikation. Er putzt sich die Zähne, ich schminke mich ab. Er geht auf die Toilette. Und dann treffe ich ihn im Schlafzimmer auf dem Bett sitzend an; er ruft mit dem Blackberry seine Mails ab, er stellt seinen Wecker. Dann schlüpft er unter die Decke und macht sofort das Licht auf seiner Seite aus. Ich setze mich auf die andere

Seite des Bettes, stelle meinen Wecker, creme mir die Hände ein, nehme eine Rohypnol, stelle mein Glas Wasser und mein Ohropax auf dem Nachttisch bereit. Ich ordne die Kissen, setze mir die Brille auf und mache es mir zum Lesen bequem. Kaum habe ich angefangen, sagt Robert in pseudoneutralem Ton, mach bitte das Licht aus. Das erste Wort aus seinem Munde seit dem Treppenabsatz bei Rémi Grobe. Ich sage nichts. Nach wenigen Sekunden richtet er sich auf und legt sich halb auf mich drauf, um meine Nachttischlampe auszuschalten. Er schafft es. Im Dunkeln gebe ich ihm einen Klaps auf den Arm, auf den Rücken, mehrere Klapse, und schalte das Licht wieder ein. Robert sagt, seit drei Nächten kann ich nicht schlafen, soll ich krepieren? Ich hebe den Blick nicht von meinem Buch und sage, nimm doch eine Rohypnol. – Ich nehm diese Scheiße nicht. – Dann jammer nicht rum. – Ich bin müde, Odile … Mach das Licht aus. Mach's aus, verdammt. Er rollt sich unter der Decke zusammen. Ich versuche zu lesen. Ich frage mich, ob das Wort *müde* aus Roberts Mund nicht mehr als alles andere zu unserer Entfremdung beigetragen hat. Ich weigere mich, ihm eine existentielle Bedeutung beizumessen. Von einem Helden der Literatur nimmt man es hin, dass er sich in das Reich der Schatten zurückzieht, aber nicht von einem Ehemann, mit dem man das häusliche Leben teilt. Robert schaltet seine Lampe wieder ein, wurschtelt sich unverhältnismäßig heftig aus der Decke und setzt sich auf den Bettrand. Ohne sich umzudrehen sagt er, ich geh ins Hotel. Ich schweige. Er rührt sich nicht. Ich lese zum siebten Mal »Im Tageslicht, das noch durch die verwitterten Fensterläden drang, erblickte

Gaylor den Hund unter dem zerlöcherten Stuhl, die ab-
gestoßene Emaille des Waschbeckens. Von der gegenüberliegenden Wand schaute ihn ein Mann traurig an. Gaylor
näherte sich dem Spiegel …« Wer ist dieser Gaylor noch
mal? Robert sitzt vornübergebeugt da, mit dem Rücken zu
mir. In dieser Haltung tönt er, was hab ich getan, hab ich zuviel geredet? Bin ich aggressiv? Trinke ich zuviel? Hab ich
ein Doppelkinn? Na los, spul deine Litanei ab. Was war's
heute Abend? – Zu viel reden tust du auf jeden Fall, sag ich.
– Es war dermaßen nervig. Und widerlich. – Nicht sehr gut,
stimmt schon. – Widerlich. Was treibt der eigentlich im
Leben, dieser Rémi Grobe? – Er ist Berater. – Berater! Welches Genie hat dieses Wort erfunden? Ich weiß nicht, warum
wir uns diese absurden Abendessen antun. – Kein Mensch
zwingt dich mitzukommen. – Aber sicher. – Aber nein. – Natürlich. Und diese Plunze in Rot, die noch nicht mal weiß,
dass die Japaner keine Atombombe haben! – Was macht das
schon? Wer muss so was wissen? – Wenn man die Stärke der
japanischen Verteidigungskräfte nicht kennt, und wer kennt
die schon?, dann sollte man sich auch nicht in ein Gespräch
über die territorialen Ansprüche im Chinesischen Meer ein-
mischen. Mir ist kalt. Ich versuche, an der Decke zu ziehen.
Robert hat sie unabsichtlich eingeklemmt, als er sich auf den
Bettrand setzte. Ich ziehe, er lässt mich ziehen, ohne sich
auch nur einen Zentimeter zu erheben. Ich ziehe, ächze leise. Ein stummer, vollkommen idiotischer Kampf. Schließlich
steht er auf und geht aus dem Schlafzimmer. Ich blättere eine
Seite zurück, um zu rekonstruieren, wer Gaylor ist. Robert
taucht ziemlich schnell wieder auf, er hat die Hose wieder

angezogen. Er sucht seine Socken, findet sie, zieht sie an. Er geht wieder. Ich höre ihn im Flur herumstöbern und einen Schrank öffnen. Dann geht er offenbar wieder ins Bad. Auf der vorigen Seite führt Gaylor hinten in einer Garage ein Streitgespräch mit einem Mann namens Pal. Wer ist dieser Pal? Ich stehe auf. Ich schlüpfe in die Pantoffeln und gehe zu Robert ins Bad. Er hat ein Hemd angezogen, ohne es zuzuknöpfen, und sitzt auf dem Wannenrand. Ich frage, wo willst du hin? Er macht eine verzweifelte Geste, im Sinne von keine Ahnung, egal wohin. Ich sage, soll ich dir ein Bett im Wohnzimmer machen? – Kümmer dich nicht um mich, Odile, geh schlafen. – Robert, ich habe diese Woche vier Verhandlungen. – Lass mich bitte in Ruhe. Ich sage, komm zurück, ich mach das Licht aus. Ich sehe mich im Spiegel, Robert hat das falsche Licht angemacht. Niemals mache ich im Bad das Deckenlicht an, höchstens kombiniert mit den Spots am Waschbecken. Ich sage, ich bin hässlich. Sie hat mir die Haare zu kurz geschnitten. – Viel zu kurz, sagt Robert. So ist sein Humor. Halb neckend, halb beunruhigend. Das bringt mich zum Lachen, selbst in den schlimmsten Momenten. Und es beunruhigt mich auch. – Meinst du das im Ernst?, frage ich. Robert sagt, auf welchem Gebiet ist dieser Affe eigentlich Berater? – Von wem sprichst du? – Von Rémi Grobe. – Kunst, Immobilien, ich weiß nicht so genau. – Ein Typ, der überall seine Finger drin hat. Ein Gauner also. Ist er nicht verheiratet? – Geschieden. – Gefällt er dir? Aus dem Flur ist ein Rutschen zu hören und ein dünnes Stimmchen: Maman? – Was hat er denn?, fragt Robert, als wüsste ich das, und in diesem sofort besorgten Tonfall, der mich nervt.

– Wir sind hier, Antoine, sage ich, Papa und ich, im Bad.
Antoine erscheint im Pyjama, halb in Tränen. – Ich hab Doudine verloren. – Schon wieder, sag ich, willst du Doudine
jetzt jede Nacht verlieren? Um zwei Uhr morgens kümmern
wir uns nicht um Doudine, da machen wir heia, Antoine!
Antoines Gesicht verkrumpelt sich quasi in Zeitlupe. Wenn
er sein Gesicht so verkrumpelt, lassen sich die Tränen nicht
mehr aufhalten. Robert sagt, was schnauzt du den armen
Jungen so an? – Ich schnauz ihn gar nicht an, sag ich, und
dann, mit meinem gesamten Maß an Selbstbeherrschung –
aber ich begreife nicht, warum wir diese Doudine nicht anbinden. Die braucht doch nachts bloß angebunden zu werden! Ich schnauz dich nicht an, mein Schatz, aber es ist jetzt
viel zu spät, sich um Doudine zu kümmern. Komm, jetzt
geht's wieder ins Bett. Wir setzen uns Richtung Jungszim-
mer in Bewegung. Antoine wimmert *Doudiiiiine*, Robert und
ich bewegen uns im Gänsemarsch durch den Flur. Wir betreten das Zimmer. Simon schläft. Ich bitte Antoine, still zu
sein, damit er seinen Bruder nicht aufweckt. Robert flüstert,
wir finden sie wieder, mein kleiner Biber. – Bindest du sie
an?, jammert Antoine, ohne die geringsten Anstalten, seine
Stimme zu senken. – Ich binde sie nicht an, mein kleiner
Biber, sagt Robert. Ich knipse die Nachttischlampe an und
sage, warum denn nicht? Wir können sie doch abends so anbinden, dass es ganz angenehm für sie ist. Sie wird nichts
merken, und du hast eine kleine Schnur, an der du ziehen
kannst … Antoine fängt an, wie eine Sirene zu heulen. Wenige Kinder verfügen über eine dermaßen strapaziöse Klage-
tonart. – Pschschscht!, sage ich. – Was ist denn los?, sagt

Simon. – Na bitte! Jetzt hast du deinen Bruder geweckt, bravo! – Was macht ihr? – Wir haben Doudine verloren, sagt Robert. Simon sieht uns mit halb geschlossenen Augen an, als wären wir schwachsinnig. Er hat recht. Ich bücke mich, um unter dem Bettgestell nachzuschauen. Ich fahre mit der Hand so ziemlich überall herum, denn man sieht nicht viel. Robert durchwühlt die Steppdecke. Mit dem Kopf unter dem Bett murmele ich, ich begreife nicht, warum du mitten in der Nacht nicht schläfst! Das ist doch nicht normal. Mit neun Jahren schläft man. Plötzlich ertaste ich sie, sie ist zwischen dem Lattenrost und der Matratze eingeklemmt. Ich hab sie, ich hab sie. Da ist sie! Nervtötend, diese Doudine … Antoine presst sich das Stofftier an den Mund. – Hopp, ins Bett! Antoine legt sich hin. Ich gebe ihm ein Küsschen. Simon rollt sich in seine Decke ein und wendet sich ab, als wäre die Szene, die er gerade miterlebt hat, zum Verzweifeln. Ich knipse die Lampe aus. Ich versuche, Robert aus dem Zimmer zu schieben. Aber Robert bleibt. Er will die mütterliche Schroffheit ausgleichen. Er will die Harmonie im verzauberten Zimmer der Kindheit wiederherstellen. Ich sehe, wie er sich über Simon beugt und ihn auf den Nacken küsst. Dann setzt er sich, in einem Halbdunkel, das ich noch dunkler mache, indem ich die Tür zuschiebe, auf Antoines Bett, deckt ihn zu, zieht die Steppdecke zurecht, steckt Doudine fest, damit sie nicht wieder wegrutscht. Ich höre, wie er zärtliche Worte murmelt, und frage mich, ob er da nicht mit einer kleinen Geschichte über den Wald von Maître Janvier angefangen hat. Früher brachen die Männer auf, um Löwen zu jagen oder Länder zu erobern. Ich warte auf der Schwelle, bewege gelegentlich die Tür, um deutlich zu machen, wie genervt ich bin, auch wenn meine marmorstarre Haltung schon vielsagend genug ist. Endlich erhebt sich Robert. Schweigend gehen wir wieder in den Flur. Robert betritt das Bad, ich das Schlafzimmer. Ich lege mich wieder hin. Setze die Brille auf. »Pal saß hinter seinem Schreibtisch. Die feisten Hände auf der schmutzigen Schreibunterlage. An jenem Morgen, teilte er Gaylor mit, hatte Raoul Toni die Garage betreten ...« Wer ist Raoul Toni? Mir fallen die Augen zu. Ich frage mich, was Robert im Bad macht. Ich höre Schritte. Er kommt. Er hat die Hose ausgezogen. Wie oft im Leben noch dieses irre, bedrohliche An- und Ausziehen? Ich sage, findest du es normal, dass er mit neun noch ein Kuscheltier hat? – Aber ja. Ich hatte mit achtzehn noch eins. Mir ist zum Lachen zumute, aber ich lasse mir nichts anmerken. Robert zieht Socken und Hemd aus. Er knipst seine Nachttischlampe aus und schlüpft unter die Decke. Ich glaube, mir ist eingefallen, wer Gaylor ist. Gaylor ist der Typ, der engagiert wurde, um die Tochter von Joss Kroll zu finden, und ich frage mich, ob dieser Raoul Toni nicht zu Beginn an der Tombola teilgenommen hat ... Mir fallen die Augen zu. Dieser Krimi ist öde. Ich setze die Brille ab, schalte das Licht aus. Ich taste mich zum Nachttisch. Mir fällt auf, dass ich den Vorhang nicht weit genug zugezogen habe, er wird das Tageslicht zu früh hereinlassen. Egal. Ich sage, warum wacht Antoine mitten in der Nacht auf? Robert antwortet, weil er Doudine nicht mehr gespürt hat. Wir liegen beide einen Moment lang da, jeder auf seiner Seite des Bettes, und betrachten die gegenüberliegenden Wände. Dann drehe ich mich noch einmal um und schmiege mich an ihn. Robert legt mir eine Hand ins Kreuz und sagt, dich müsste man auch anbinden.

Vincent Zawada

Beim Warten auf ihre Bestrahlung in der Clinique Tollere Leman schaut sich meine Mutter alle Patienten im Wartezimmer einen nach dem anderen an und sagt mit kaum gesenkter Stimme, Perücke, Perücke, nicht sicher, keine Perücke, keine Perücke ... – Maman, Maman, nicht so laut, sage ich, alle hören dich. – Was sagst du? Du nuschelst dir was in den Bart, und ich verstehe nichts, sagt meine Mutter. – Hast du deine Ohren drin? – Was? – Hast du dein Hörgerät drin? Warum setzt du es nicht ein? – Weil ich es während der Bestrahlung rausnehmen muss. – Tu's rein, solange du wartest, Maman. – Es bringt nichts, sagt meine Mutter. Neben ihr sitzt ein Mann, der mir voller Mitgefühl zulächelt. Er hält eine Glencheck-Mütze in der Hand, und seine blasse Gesichtsfarbe harmoniert mit dem angejahrten, englisch aussehenden Anzug. – Außerdem, sagt meine Mutter, in ihrer Handtasche herumwühlend, hab ich es gar nicht dabei. Sie fährt mit ihren Beobachtungen fort und bemerkt, kaum leiser, die da macht es keinen Monat mehr, ich bin nicht die Älteste hier, immerhin, das beruhigt mich ... – Maman, bitte, sage ich, schau mal, im *Figaro* ist ein kleines Quiz, das ist ganz lustig. – Na gut, wenn es dir Freude macht. – Welches bis dato in Frankreich unbekannte Gemüse führte Katharina von Medici an ihrem Hof ein? Artischocke, Brokkoli, Tomate? – Artischocke, sagt meine Mutter. – Artischocke, bravo. – Was war Greta Garbos erster Job, als sie vierzehn war? Friseurlehrling, Lichtdouble für Shirley Temple in *Die Glückspuppe*, Abschupperin von Heringen auf dem Fischmarkt ihrer Heimatstadt Stockholm? – Abschupperin von Heringen in Stockholm, sagt meine Mutter. – Friseurlehrling. – Ach was, sieh an, sagt meine Mutter, aber ich bin ja auch blöd, seit wann haben Heringe Schuppen! – Seit langem, Madame, wenn Sie gestatten, mischt der Mann sich ein, der neben ihr sitzt und mir auch wegen seiner grauen, rosa gepunkteten Krawatte auffällt, Heringe haben seit jeher Schuppen. – Ach ja?, sagt meine Mutter, nein, nein, Heringe haben keine Schuppen, wie Sardinen. – Auch Sardinen haben seit jeher Schuppen, sagt der Mann. – Sardinen sollen Schuppen haben, das ist das erste, was ich höre, sagt meine Mutter, wusstest du das, Vincent? – Genau wie Sardellen und Sprotten, fügt der Mann hinzu, jedenfalls schließe ich daraus, dass Sie nicht koscher essen! Er lacht und schließt mich in seinen Versuch der Vertraulichkeit ein. Trotz seiner gelblichen Zähne und seiner schütteren, grau werdenden Haare ist er durchaus eine Erscheinung. Ich nicke freundlich. – Na, zum Glück, antwortet meine Mutter, zum Glück esse ich nicht koscher, ich hab schon so kaum noch Appetit. – Wer ist Ihr Arzt?, erkundigt sich der Mann und löst den Knoten seiner Krawatte ein wenig, sein Körper hat sich auf das Gespräch eingestellt. – Doktor Chemla, sagt meine Mutter. – Philip Chemla, der Beste, einen Besseren gibt's nicht, seit sechs Jahren hält er mich in Schuss, sagt der Mann.

– Mich seit acht, sagt meine Mutter, stolz, dass sie länger in Schuss gehalten worden ist. – Auch Lunge?, fragt der Mann. – Leber, antwortet meine Mutter, erst Brust, dann Leber. Der Mann nickt, er kennt das Lied. – Aber ich bin atypisch, wissen Sie, fügt meine Mutter hinzu, ich mache nichts so wie die anderen, Chemla sagt mir jedes Mal, Paulette (er nennt mich Paulette, ich bin seine Lieblingspatientin), Sie sind total atypisch, will sagen, Sie hätten schon längst abkratzen müssen. Meine Mutter lacht herzlich, der Mann auch. Ich frage mich derweil, ob es nicht höchste Zeit wird, zum Quiz zurückzukehren. – Er ist großartig, das stimmt schon, fängt meine unkontrollierbar gewordene Mutter wieder an, und ich finde ihn auch persönlich sehr anziehend. Als ich ihn zum ersten Mal sah, fragte ich ihn, sind Sie verheiratet, Doktor Chemla? Haben Sie Kinder? Keine Kinder. Soll ich Ihnen zeigen, fragte ich, wie das geht? Ich drücke ihre Hand, deren Haut ausgetrocknet und von den Medikamenten verändert ist, und sage, Maman, hör zu. – Was denn, sagt meine Mutter, das ist die Wahrheit, er war begeistert, er hat sich kaputtgelacht, so hab ich selten einen Krebsarzt lachen sehen. Der Mann nickt. Er sagt, er ist ein großer Mann, Chemla, eine Seele. Einmal, das werde ich nie vergessen, hat er folgenden Satz gesagt, wenn jemand in meine Praxis kommt, dann ehrt er mich. Wissen Sie, dass er noch nicht mal vierzig ist? Meiner Mutter ist das vollkommen wurscht. Sie bleibt auf ihrer Schiene, so als hätte sie nichts gehört. – Am Freitag, sie spricht immer lauter, da hab ich zu ihm gesagt, Doktor Ayoun (das ist mein Kardiologe) ist ein viel besserer Arzt als Sie, oh, das würde mich wundern, doch, er hat mir sofort ein

Kompliment für meinen neuen Hut gemacht, und Sie, Doktor Chemla, Sie haben ihn nicht einmal bemerkt. Ich brauche Bewegung. Ich stehe auf und sage, Maman, ich frag mal die Sprechstundenhilfe, wann du drankommst. Meine Mutter dreht sich zu ihrem neuen Freund: Er will rauchen, mein Sohn will raus und eine rauchen, das heißt es nämlich, sagen Sie ihm, dass er sich damit auf kleiner Flamme umbringt, und das mit dreiundvierzig. – Na, dann sterben wir zusammen, Maman, sage ich, du musst auch die positive Seite der Dinge sehen. – Sehr witzig, sagt meine Mutter. Der Mann mit der gepunkteten Krawatte zwickt sich in die Nasenflügel und atmet ein wie jemand, der gleich etwas Entscheidendes verlautbaren wird. Ich schneide ihm das Wort ab, um klarzustellen, dass ich nicht zum Rauchen raus will, auch wenn mir ein Schuss Nikotin jetzt sehr guttun würde, sondern dass ich nur zur Sprechstundenhilfe will. Als ich zurückkomme, informiere ich meine Mutter, dass sie in zehn Minuten ihre Bestrahlung kriegt und dass Doktor Chemla noch nicht da ist. – Ah, typisch Chemla, diese chaotische Zeitplanung, er begreift nicht, dass unsereiner auch noch ein eigenes Leben hat, sagt der Mann, froh, dass er erneut seine Stimme hören lassen kann, und in der Hoffnung, die Oberhand zu behalten. Aber meine Mutter kontert schon: Mit der Sprechstundenhilfe komme ich bestens klar, die nimmt mich immer zu Anfang der Sprechstunde dran, ich nenne sie Virginie, sie mag mich total, fügt meine Mutter leise hinzu, ich sag zu ihr, seien Sie lieb, geben Sie mir den ersten Termin, meine kleine Virginie, das mag sie, dann fühlt sie sich persönlich angesprochen. Vincent, Schatz, wollen wir ihr nicht nächstes Mal Pralinen mitbringen? – Warum nicht, sag ich. – Was? Du nuschelst dir was in den Bart. Ich sage, das ist eine gute Idee. – Da hätten wir schon die Vanillekipferl von Roseline loswerden können, sagt meine Mutter, ich hab die Schachtel noch nicht mal aufgemacht. Sie kann keine backen, es ist, als würde man auf Sand rumkauen. Arme Roseline, sie kommt einem inzwischen vor wie ein klappernder Schlüsselbund. Sie ist nicht mehr sie selbst, seit ihre Tochter im Tsunami umgekommen ist, sie war eine der fünfundzwanzig Leichen, die nie gefunden wurden, Roseline glaubt, dass sie immer noch am Leben ist, ab und zu regt mich das auf, dann möchte ich ihr am liebsten sagen, ja, klar, bestimmt von Schimpansen aufgezogen, inklusive Gedächtnisverlust. Ich sage, sei nicht fies, Maman. – Ich bin nicht fies, aber man muss sein Schicksal auch annehmen, wir wissen doch alle, dass die Welt ein Tal der Tränen ist. Ein Tal der Tränen, das war ein Ausdruck deines Vaters, weißt du noch? Ich antworte, ja, ich weiß es noch. Der Mann mit der gepunkteten Krawatte hat sich offenbar wieder düsteren Gedanken zugewandt. Er hat sich nach vorn gebeugt, und ich bemerke eine Krücke, die neben seinem Platz liegt. Mir wird klar, dass er wahrscheinlich irgendwo Schmerzen hat, und ich sage mir, dass hier, im Souterrain-Wartezimmer der Clinique Tollere Leman, bestimmt noch andere Personen insgeheim Schmerzen haben. – Wissen Sie, sagt meine Mutter unvermittelt und beugt sich mit erstaunlich ernstem Gesicht zu dem Mann, mein Gatte war besessen von Israel. Der Mann richtet sich auf und streicht die Revers seines Nadelstreifenanzugs glatt. – Die Juden sind besessen von Israel, ich nicht, ich bin kein bisschen besessen von Israel, aber mein Gatte war's. Es fällt mir schwer, meiner Mutter bei dieser Volte zu folgen. Es sei denn, sie will ihren Irrtum bei den Fischen ohne Schuppen wettmachen. Ja, vielleicht liegt ihr daran klarzustellen, dass ihre ganze Familie jüdisch ist, auch sie, obwohl grundlegende Regeln ignoriert werden. – Und Sie, sind Sie auch von Israel besessen?, fragt meine Mutter. – Natürlich, antwortet der Mann. Diese Lakonik begrüße ich. Wenn es nur um mich ginge, könnte ich mich ausführlich über die Abgründe dieser Antwort auslassen. Meine Mutter hat eine andere Auffassung von den Dingen. – Als ich meinen Gatten kennenlernte, besaß er gar nichts, sagt sie, seine Familie hatte ein Lebensmittelgeschäft in der Rue Réaumur, ein winziges Rattenloch. Am Ende seines Lebens war er Grossist, drei Geschäfte und ein Miethaus. Er wollte alles Israel hinterlassen. – Maman, was soll das? Was erzählst du da? – Das ist die Wahrheit, sagt meine Mutter und dreht sich nicht mal um, wir waren eine sehr harmonische, sehr glückliche Familie, der einzige dunkle Fleck war Israel. Einmal habe ich ihm gesagt, die Juden bräuchten kein eigenes Land, da hätte er mich fast geschlagen. Bei einer anderen Gelegenheit wollte Vincent den Nil runterfahren, da hat er ihn rausgeworfen. Der Mann will eine Bemerkung machen, aber er ist nicht schnell genug, bis er seine farblosen Lippen aufkriegt, ist meine Mutter schon weiter. – Chemla will mir ein neues Mittel geben. Ich vertrage das Xynophren nicht mehr. Meine Hände lösen sich in Fetzen auf, sehen Sie. Und ich soll wieder eine Chemo per Infusion kriegen, von der mir die Haare ausfallen. – Maman, das ist nicht sicher, mische ich mich ein, Chemla hat gesagt, die Chancen stehen fifty-fifty. – Fifty fifty, das macht doch hundert, sagt meine Mutter und wischt meine Feststellung mit einer Handbewegung weg, aber ich will nicht sterben wie in Auschwitz, so ein Ende will ich nicht, als Glatzkopf. Wenn ich diese Behandlung machen lasse, kann ich mich von meinen Haaren verabschieden. In meinem Alter hab ich nicht mehr die Zeit, sie wieder wachsen zu sehen. Und von meinen Hüten kann ich mich dann auch verabschieden. Meine Mutter schüttelt mit sorgenvoll verzogenem Mund den Kopf. Sie hält sich ganz gerade, während sie ohne Unterlass redet, reckt den Hals wie ein frommes Mädchen. – Ich mache mir keine Illusionen, wissen Sie, sagt sie. Ich plaudere hier in diesem grässlichen Wartezimmer nur mit Ihnen, weil ich meinen Söhnen und Doktor Chemla eine Freude machen will. Ich bin seine Lieblingspatientin, es macht ihm Freude, mich weiter zu behandeln. Also unter uns, diese Bestrahlung, das bringt doch überhaupt nichts. Angeblich soll die mir meine Sehkraft von früher zurückbringen, dabei sehe ich jeden Tag schlechter. – Sag das nicht, Maman, werfe ich ein, es hieß doch, dass man die Wirkung nicht sofort spürt. – Was sagst du, fragt meine Mutter, du murmelst dir was in den Bart. – Die Wirkung tritt nicht sofort ein, wiederhole ich. – Nicht sofort, das heißt, ohne Garantie, sagt meine Mutter. In Wahrheit weiß Chemla doch überhaupt nichts mit Sicherheit. Er tappt im Dunkeln. Ich diene ihm als Versuchskaninchen, na schön, die braucht's auch. Ich bin Fatalistin. Mein Gatte fragte mich auf dem Totenbett, ob ich immer noch eine Feindin Israels sei, der Heimat des jüdischen Volkes. Ich antwortete, aber nein, natürlich nicht. Was soll man zu einem Mann sagen, der bald nicht mehr da ist? Man sagt ihm, was er hören möchte. Ist doch schräg, sich an idiotischen Wertvorstellungen festzuklammern. In letzter Minute, kurz bevor alles weg ist. Heimat, wer braucht denn eine Heimat? Selbst das Leben wird irgendwann zu einer idiotischen Wertvorstellung. Selbst das Leben, finden Sie nicht?, seufzt meine Mutter. Der Mann überlegt. Er könnte antworten, denn meine Mutter hat offenbar ihr Salbadern für eine seltsam meditative Haltung unterbrochen. In diesem Augenblick ruft eine Schwester Monsieur Ehrenfried auf. Der Mann greift nach seiner Krücke, seiner Glencheck-Mütze und einem Lodenmantel, der auf dem Stuhl neben ihm liegt. Noch im Sitzen neigt er sich zu meiner Mutter und murmelt: Das Leben vielleicht, aber nicht Israel. Dann stützt er seinen Arm in den Krückengriff und erhebt sich mühsam. – Die Pflicht ruft, sagt er und verbeugt sich, Jean Ehrenfried, es war mir ein Vergnügen. Man merkt, dass ihm jede Bewegung schwerfällt, aber er bewahrt sein Lächeln. – Der Hut, den Sie heute tragen, fügt er hinzu, ist das der, für den Ihnen der Kardiologe Komplimente gemacht hat? Meine Mutter berührt ihren Hut, um es nachzuprüfen. – Nein, nein, das hier ist der Luchs. Der von Doktor Ayoun ist eine Art Borsalino mit einer schwarzen Samtrose. – Also, Kompliment für den von heute, kann ich nur sagen, er hat dieses Wartezimmer veredelt, sagt der Mann. – Das ist meine kleine Luchskappe, sagt meine Mutter, hibbelig vor Freude, ich habe sie seit vierzig Jahren, steht sie mir noch? – Ganz hervorragend, sagt Jean Ehrenfried und schwenkt zum Gruß seine Mütze. Wir sehen ihm nach, wie er durch die Tür zur Strahlentherapie verschwindet. Meine Mutter steckt die geschundenen Hände in ihre Handtasche. Sie zieht eine Puderdose und einen Lippenstift hervor und sagt, er hinkt, der Arme, was meinst du, hat er sich in mich verliebt?

Pascaline Hutner

Das haben wir nicht kommen sehen. Wir haben nicht gemerkt, wie die Situation kippte. Nein. Weder Lionel noch ich. Wir sind allein und hilflos. Mit wem sollen wir darüber reden? Man müsste es schaffen, darüber zu reden, aber wem soll man so ein Geheimnis anvertrauen? Man müsste es vertrauenswürdigen Leuten sagen können, mitfühlenden, die über das Thema keine Witze machen. Wir ertragen nicht den Hauch eines Witzes über das Thema, auch wenn uns beiden, Lionel und mir, sehr wohl bewusst ist, dass wir, wenn es nicht um unseren Sohn ginge, auch durchaus darüber lachen könnten. Und sogar unter Leuten, beim geringsten Anlass, um ehrlich zu sein. Nicht mal Odile und Robert haben wir es erzählt. Die Toscanos sind schon ewig mit uns befreundet, obwohl es gar nicht so einfach ist, eine Freundschaft zwischen zwei Paaren zu pflegen. Eine tiefe, wohlgemerkt. Letzten Endes sind wirklich vertraute zwischenmenschliche Beziehungen nur zu zweit möglich. Wir hätten uns getrennt treffen müssen, unter Frauen oder unter Männern oder vielleicht sogar über Kreuz (falls Robert und ich es irgendwann schaffen sollten, uns mal etwas unter vier Augen zu sagen). Die Toscanos machen sich über unsere symbiotische Art lustig. Sie haben uns gegenüber eine permanente Ironie entwickelt, die mich so langsam ermüdet. Man kann kein Wort mehr sagen, ohne dass sie uns das Bild eines Paares spiegeln, das in seinem erstickenden Wohlbefinden festsitzt. Neulich erwähnte ich unglücklicherweise, ich hätte einen Steinbutt in der Kruste zubereitet (ich nehme an einem Kochkurs teil, das macht mir Spaß). Einen Steinbutt in der Kruste?, fragte Odile, als hätte ich eine Fremdsprache gesprochen. – Ja, einen Steinbutt in der Kruste, in Fischform. – Wie viele wart ihr denn? – Wir beide, sagte ich, Lionel und ich, es war für uns beide. – Nur für euch beide, das ist ja furchterregend!, sagte Odile. Meine Cousine Josiane, die auch dabei war, meinte, wieso, ich wäre imstande und würde mir einen Steinbutt in der Kruste für mich allein machen. Für dich allein, hui, das nimmt ja Dimensionen an, Robert musste natürlich gleich nachlegen, ein Steinbutt in der Kruste und die Kruste in Form eines Fisches und das für sich selbst ganz allein, das reicht schon ins Tragische. Normalerweise tue ich so, als würde ich das gar nicht mitkriegen, damit sich die Atmosphäre nicht vergiftet. Lionel ist es wurscht. Wenn ich mit ihm darüber rede, sagt er, die sind bloß neidisch, und das Glück der anderen wird oft als Angriff empfunden. Wenn wir erzählen würden, was uns gerade passiert, kann ich mir nicht vorstellen, dass irgendwer darauf neidisch wäre. Aber gerade weil wir den Inbegriff von Harmonie verkörpern, ist es so schwer, die Katastrophe einzugestehen. Ich kann mir schon vorstellen, wie sich Leute von der Sorte der Toscanos das Maul zerreißen. Wenn man die Situation verstehen will, muss man ein Stück zurückgehen. Unser Sohn Jacob, er ist gerade neunzehn geworden, war schon immer ein Fan der

Sängerin Céline Dion. Ich sage »immer«, weil diese Schwärmerei schon in seiner Kindheit einsetzte. Eines Tages hört der Junge im Auto die Stimme von Céline Dion. Blitzschlag. Wir kaufen ihm das Album, dann das nächste, immer mehr Poster an der Wand, und bald leben wir mit einem kleinen Fan zusammen, wie es vermutlich Tausende andere auf der Welt gibt. Bald werden wir zu Konzerten in seinem Zimmer eingeladen. Jacob verkleidet sich mit einem meiner Kostüme als Céline und singt im Playback zu ihrer Stimme. Ich weiß noch, wie er sich eine Mähne aus den Bändern der damaligen Kassetten bastelte, nachdem er sie ausgeweidet hatte. Lionel mochte das Spektakel vermutlich nicht besonders, aber es war sehr lustig. Schon da mussten wir Roberts Spötteleien einstecken, der uns zu unserer Toleranz und Freigeistigkeit beglückwünschte. Aber es war sehr lustig. Jacob wird größer. Nach und nach gibt er sich nicht mehr damit zufrieden, wie sie zu singen, sondern er spricht auch wie sie und gibt Interviews ohne Gegenüber, mit Québecer Akzent. Er macht Céline nach, und er macht auch René nach, ihren Mann. Es war witzig. Wir lachten. Er imitierte sie perfekt. Wir stellten ihm Fragen, also, wir sprachen mit Jacob, und er antwortete als Céline. Das war sehr lustig. Es war sehr lustig. Ich weiß auch nicht, was da irgendwann entgleist ist. Wie wir von einer Teenie-Begeisterung übergegangen sind zu diesem … ich weiß gar kein Wort dafür … dieser Störung des Geistes? Des Wesens? … Eines Abends, wir saßen alle drei in der Küche bei Tisch, da sagte Lionel zu Jacob, er sei es leid, ständig diesem Clown mit Québecer Akzent zuzuhören. Ich hatte Pökelfleisch mit Linsen gemacht. Normalerweise stürzen sich die beiden Männer darauf, aber jetzt hing etwas Trauriges in der Luft. So ein Gefühl, das man auch als Paar haben kann, wenn der andere sich in sich selbst zurückzieht und man darin ein Vorzeichen des Verlassenwerdens sieht. Jacob tat so, als verstünde er das Wort Clown nicht. Er antwortete seinem Vater mit Québecer Akzent, dass er zwar seit einiger Zeit in Frankreich lebe, aber nichtsdestotrotz Kanadierin sei und nicht vorhabe, seine Wurzeln zu verleugnen. Lionel wurde lauter, das sei jetzt langsam nicht mehr witzig, und Jacob erwiderte, er könne hier nicht »rumkabbeln«, weil er seine Stimmbänder schützen müsse. Seit diesem schrecklichen Abend leben wir mit Céline Dion im Körper von Jacob Hutner zusammen. Wir werden nicht mehr Papa und Maman genannt, sondern Lionel und Pascaline. Wir haben keine Beziehung mehr zu unserem echten Sohn. Anfangs dachten wir, es handele sich um eine vorübergehende Krise, Teenager haben manchmal solche kleinen Ticks. Aber als Bogdana, unsere Putzfrau, uns erzählte, er habe sehr freundlich nach einem Luftbefeuchter für seine Stimme verlangt (es fehlte nicht viel und sie hätte ihn für einen so großen Star sehr bescheiden gefunden), spürte ich, dass die Dinge eine ungute Wendung nahmen. Ohne Lionel etwas davon zu sagen – Männer sind manchmal einfach zu nüchtern –, ging ich zu einem Heiler, der Energiearbeit macht. Ich hatte schon davon gehört, dass manche Menschen von Wesenheiten besessen sein können. Der Heiler erklärte mir, Céline Dion sei keine Wesenheit. Und deshalb könne er sie auch nicht von Jacob lösen. Eine Wesenheit ist eine herumirrende Seele, die sich an einen Lebenden heftet. Und er konnte keinen Mann befreien, der von einer jeden Abend in Las Vegas auftretenden Sängerin heimgesucht wird. Der Heiler riet mir, einen Psychiater zu konsultieren. Das Wort Psychiater blieb mir in der Kehle stecken wie ein Wattebausch. Ich brauchte eine gewisse Zeit, um es zu Hause aussprechen zu können. Lionel war da klarer. Ohne Lionels Stabilität hätte ich diese Prüfung niemals überstanden. Lionel. Mein Mann. Mein Herz. Ein Mann, der sich selbst treu bleibt, der sich noch nie in den Vordergrund gedrängt hat und immer für den geradlinigen Weg war. Eines Tages sagte Robert über ihn, das ist ein Mann, der die Freude sucht, das Glück, aber ein Glück, wie soll ich sagen, in Würfelform. Wir mussten alle darüber lachen, wie gemein das Wort war, ich verpasste Robert sogar einen Klaps. Aber eigentlich, genau besehen, schon: in Würfelform. Solide. Von allen Seiten aufrecht. Wir schafften es, Jacob zu einem Psychiater zu bringen, wir machten ihm weis, es sei ein HNO-Arzt. Der Psychiater sprach sich für einen Klinikaufenthalt aus. Mich erschütterte, wie leicht sich unser Kind manipulieren ließ. Jacob überschritt frohgemut die Schwelle der Klinik, überzeugt, er beträte ein Aufnahmestudio. Eine Art Studio-Hotel eigens für Stars von diesem Kaliber, um ihnen die allmorgendliche Anfahrt zu ersparen. Am ersten Tag, als wir das leere weiße Zimmer betraten, hätte ich mich ihm fast zu Füßen geworfen und ihn um Verzeihung für diesen Verrat gebeten. Wir erzählten allen, Jacob sei für ein Praktikum im Ausland. Allen, auch den Toscanos. Die einzige, die von unserem Geheimnis weiß, ist Bogdana. Sie backt ihm weiter beharrlich serbischen Nuss-Mohn-Kuchen, den er aber nicht mehr anrührt, denn Jacob mag nicht mehr, was er früher mochte. Körperlich ist er normal geblieben, er imitiert keine Frau. Das sitzt viel tiefer als eine Imitation. Lionel und ich haben schließlich angefangen, ihn Céline zu nennen. Und unter uns kann es auch vorkommen, dass wir von »ihr« sprechen. Dr. Igor Lorrain, der Psychiater, der sich in der Klinik um ihn kümmert, sagt, er sei nicht unglücklich, außer wenn er Nachrichten schaut. Er ist ganz besessen davon, wie willkürlich sein Glück und sein privilegierter Status sind. Die Krankenschwestern überlegen schon, ihm den Fernseher wegzunehmen, weil er bei sämtlichen Abendnachrichten weint, sogar wenn irgendwo der Hagel eine Ernte vernichtet. Den Psychiater besorgt noch ein anderer Aspekt seines Verhaltens. Jacob geht ins Foyer hinunter und signiert Autogramme. Er schlingt sich mehrere Schals um den Hals, um sich nicht zu erkälten, die Welttournee verpflichtet, witzelt der Arzt (ich mag diesen Arzt nicht besonders), und dann postiert sich Jacob vor der Drehtür, überzeugt, dass die Leute, die die Klinik betreten, kilometerweit gefahren sind, um ihn zu sehen. Als wir gestern Nachmittag ankamen, stand er dort. Ich sah ihn schon aus dem Auto, noch bevor wir auf dem Parkplatz standen. Zu einem Kind hinabgebeugt, hinter den Scheiben der Drehtür, absurd freundlich, kritzelte er ihm irgendwas in ein kleines Heft. Lionel kennt mein Schweigen. Als der Wagen geparkt war, blickte er in die Platanen und meinte, war er schon wieder unten? Ich nickte, und wir nahmen uns wortlos in die Arme. Dr. Lorrain sagt, Jacob nenne ihn Humberto. Wir haben ihm erklärt, dass Jacob ihn wahrscheinlich für seinen Toningenieur Humberto Gatica halte, also den Toningenieur von Céline. Eigentlich ziemlich logisch, recht bedacht, denn beide sehen sie Steven Spielberg ähnlich, dem Filmregisseur. Und genauso hörten wir, wie Jacob die martinikanische Pflegerin Oprah nannte (wie Oprah Winfrey), die ganz geschmeichelt mit den Hüften wackelte. Heute war ein furchtbar schwieriger Tag. Zuerst sagte er mit seinem Akzent, den ich niemals nachmachen könnte, ihr seht aber zurzeit nicht sehr glücklich aus, Lionel und Pascaline. Ich fühle sehr mit den Menschen, und es schmerzt mich, euch so zu sehen. Soll ich euch zur Aufmunterung etwas vorsingen? Wir sagten nein, er müsse seine Stimme schonen, er habe auch so schon genug Arbeit mit seinen Aufnahmen, aber er wollte es unbedingt trotzdem tun. Wir mussten uns nebeneinander hinsetzen, wie früher, als er klein war, Lionel auf einem Hocker, ich auf dem Skai-Sessel. Und er fing an zu singen, er stand vor uns und sang, sehr gut im Rhythmus, ein Lied namens *Love Can Move Mountains*. Am Ende taten wir dasselbe wie früher, als er klein war, wir klatschten ordentlich. Lionel legte mir den Arm um die Schulter, falls ich schwächeln sollte. Als wir abends aufbrachen, hörten wir im Korridor, wie sich mehrere Leute etwas mit kanadischem Akzent zuriefen. Hey, David Foster, komm mal gucken! Ist Humberto nach unten? Frag mal Barbra! … Die bräuchte auch mal zwei Jahre *Sabbatical!* … Wir hörten es prusten und begriffen, dass sich das Pflegepersonal einen Spaß daraus machte, Céline und ihr Gefolge nachzuäffen. Lionel ertrug es nicht. Er stürmte in den Raum, von wo das Gelächter kam, und sagte in feierlichem Ton, der auch mir sofort lächerlich vorkam, ich bin Jacob Hutners Vater. Stille trat ein. Und keiner wusste, was er sagen sollte. Da sagte ich, komm, Lionel, ist doch nicht so schlimm. Dann fingen die Pfleger an, sich stammelnd zu entschuldigen. Ich zog meinen Mann am Ärmel weg. Wir wussten nicht mal mehr, wo der Fahrstuhl war, wir irrten durch irgendwelche Treppenhäuser nach unten, die unter unseren Schritten widerhallten. Draußen war es fast schon dunkel, und es regnete ein bisschen. Ich zog meine Handschuhe über, und Lionel ging Richtung Parkplatz los, ohne auf mich zu warten. Ich sagte, wart auf mich, mein Herz. Er drehte sich um, mit zusammengekniffenen Augen wegen der Regentropfen, und ich fand sein Gesicht plötzlich ganz klein und seine Haare schütter im Licht der Straßenlaterne. Ich dachte, wir müssen zurück in unser normales Leben, Lionel muss zurück ins Büro, wir müssen fröhlich bleiben. Im Auto sagte ich, ich hätte Lust auf den Russenkeller, Wodka trinken und Piroschki essen. Und dann fragte ich ihn, wer ist das deiner Meinung nach, Barbra? – Barbra Streisand, sagte Lionel. – Ja, aber in der Klinik? Glaubst du, das ist die Stationsschwester mit der langen Nase?

Paola Suares

Ich bin sehr lichtempfindlich. Psychisch, meine ich. Ich frage mich, ob alle Welt so empfindlich auf Licht reagiert oder ob das meine besondere Verletzlichkeit ist. An Tageslicht kann ich mich gewöhnen. An trübes Wetter auch. Der Himmel ist für alle da. Die Menschen gehen durch denselben Nebel. Innenräume werfen einen auf sich selbst zurück. Das Licht in geschlossenen Räumen greift mich persönlich an. Es trifft die Gegenstände wie ein Schlag und meine Seele auch. Bestimmte Lichtverhältnisse rauben mir jegliches Gefühl für die Zukunft. Als ich klein war, aß ich immer in einer Küche, die auf einen Lichtschacht hinausging. Die Beleuchtung von oben machte alles trist und gab einem das Gefühl, von der Welt vergessen zu sein. Als wir gegen acht Uhr abends vor dem Gesundheitszentrum des 10. Arrondissements eintrafen, wo Caroline gerade entbunden hatte, schlug ich Luc vor, mit mir nach oben zu gehen, aber er wollte lieber im Wagen bleiben. Er fragte mich, ob ich lange brauchen würde, und ich sagte, nein, nein, obwohl mir diese Frage etwas deplaziert, ja geschmacklos vorkam. Es regnete. Die Straße war verlassen. Das Foyer der Entbindungsstation ebenfalls. Ich klopfte an die Zimmertür. Joël öffnete. Caroline saß im Bademantel auf dem Bett, blass und glücklich, und hielt ein

ganz winziges Mädchen in den Armen. Ich beugte mich hin-
ab. Sie war hübsch. Sehr zart, und wirklich sehr hübsch. Es
fiel mir gar nicht schwer, das zu sagen und sie zu beglück-
wünschen. In dem Raum herrschte eine unglaubliche Hitze.
Ich fragte nach einer Vase für den Anemonenstrauß. Joël sagte mir, Blumen seien in den Zimmern verboten, ich müsse sie
wieder mitnehmen. Ich zog den Mantel aus. Caroline gab
ihrem Mann das Baby und schlüpfte ins Bett. Joël nahm das
kleine Bündel in die Arme, setzte sich in den Skai-Sessel und
wiegte es, wie aufgeblasen vor lauter Erzeugerstolz. Caroline holte einen Jacadi-Katalog hervor und zeigte mir das
zusammenklappbare Reisebett. Ich schrieb mir die Angaben
auf. Auf einem Resopalregal lagen halb geöffnete Päckchen
und mehrere Fläschchen mit Desinfektionsgel. Ich fragte,
ob es im Haus auch eine Wiederbelebungsstation gäbe, ich
stand nämlich kurz vorm Hirnschlag. Caroline sagte, das
Fenster dürfe wegen der Kleinen nicht geöffnet werden, und
bot mir blasse Fruchtschnitten an. Ein Wegwerffläschchen
und eine zerknitterte Windel lagen in der durchsichtigen
Wiege herum. Im seltsamen Licht der Deckenleuchte sahen
alle Stoffe, Laken, Handtücher, Lätzchen gelb aus. In dieser
umgrenzten, unbeschreiblich öden Welt fing ein Leben an.
Ich streichelte der Kleinen, die eingeschlafen war, die Stirn,
ich küsste Joël und Caroline. Vorm Gehen legte ich die in
der Hitze erschlafften Anemonen auf einen Tresen im Korridor. Im Wagen sagte ich zu Luc, dass meine Freundin ein
wirklich hübsches Kind habe. – Was machen wir, fragte er.
Gehen wir zu dir? Ich sagte nein. Luc wirkte überrascht. Ich
sagte, ich habe Lust, mal was anderes zu machen. Er drehte

den Zündschlüssel und ließ schon mal den Wagen an. Ich merkte, dass ihm das nicht passte. – Ich mag es nicht, dass wir automatisch jedes Mal zu mir gehen. Luc gab keine Antwort. So hätte ich das nicht sagen sollen. Das Wort automatisch tat mir leid, aber man hat nicht immer alles im Griff. Es regnete unablässig. Wir fuhren, ohne zu reden. Er parkte direkt vor der Bastille. Wir gingen zu Fuß zu einem Restaurant, das er kannte und das voll war. Luc diskutierte noch herum, aber es war nichts zu machen. Wir waren schon weit vom Auto entfernt und hatten, um überhaupt einen Parkplatz zu finden, viel herumkurven müssen. Irgendwann sagte ich auf der Straße, mir sei kalt, und Luc sagte in einem Ton, der mir genervt vorkam, also hier rein. – Nein, wieso denn? – Dir ist kalt. Wir betraten ein Lokal, das mir überhaupt nicht gefiel, und Luc akzeptierte gleich den Tisch, den der Wirt ihm anbot. Während wir uns setzten, fragte er mich, ob es mir recht sei. Der Abend war bereits in Schieflage geraten, da traute ich mich nicht mehr, nein zu sagen. Er setzte sich vor mich, die Ellbogen auf den Tisch gestützt, faltete die Hände und spielte nervös mit den Fingern. Mir war immer noch kalt, und ich konnte weder Mantel noch Schal ablegen. Der Kellner brachte die Speisekarte. Luc tat interessiert. Unter dem blassen Neonlicht sah er abgespannt aus. Dann bekam er eine SMS von seiner jüngsten Tochter und zeigte sie mir. »Wir essen Raklet!« Seine Frau machte mit den Kindern gerade Ferien in den Bergen. Ich nahm Luc dieses mangelnde Feingefühl übel, und nebenbei gesagt finde ich elterliche Überverwöhnung lächerlich. Aber ich lächelte liebenswürdig und sagte, was für ein Glück sie hat. – Ja, sagte Luc. Ein Ja mit Nachdruck, ohne Leichtigkeit. In meiner Stimmung war ich gegen diesen Tonfall nicht gewappnet. Ich sagte, fährst du nicht zu ihnen? – Doch, Freitag. Ich dachte, fahr zur Hölle. Nichts auf dieser Karte konnte ich essen, rein gar nichts. Das hätte übrigens für jede andere Speisekarte genauso gegolten, und ich sagte, ich habe keinen Hunger, ich möchte nur ein Glas Cognac. Luc sagte, ein paniertes Schnitzel mit Fritten würde ich schon essen. In dieser jämmerlichen, angeblich intimen Nische überfiel mich die Melancholie. Der Kellner wischte die lackierte Holzplatte des Tisches ab, die auch danach nicht gerade sauber war. Ich frage mich, ob Männer auch solche Anfälle erleiden, ohne es sich einzugestehen. Ich dachte an die Kleine, die ihre ersten Stunden eingemummelt in dem vergilbten Zimmer erlebte. Da fiel mir eine Geschichte ein, die ich sofort Luc erzählte, um das Schweigen zu überspielen. Eines Abends bei einem Essen erzählte ein Psychiater, der auch Psychoanalytiker war, was sein an Einsamkeit leidender Patient zu ihm gesagt hatte. Nämlich: Wenn ich bei mir zu Hause bin, habe ich Angst davor, dass jemand vorbeikommen und sehen könnte, wie einsam ich bin. Der Psychoanalytiker fügte mit einem spöttischen Lachen hinzu, der Typ ist komplett bekloppt. Das erzählte ich Luc auch. Und der gackerte, während er sich ein Glas Weißwein bestellte, genauso wie Igor Lorrain, der Psychoanalytiker, dümmlich, platt und ekelhaft. Ich hätte gehen, ihn in dieser lächerlichen Nische sitzenlassen sollen, doch stattdessen sagte ich, ich würde gern sehen, wo du lebst. Luc gab den Verblüfften, der nicht recht weiß, ob er sich verhört hat. Ich möchte gern zu dir gehen, wiederholte ich, sehen, wie du lebst. Luc betrachtete mich, als würde ich gerade wieder ein bisschen interessant, und summte, aha, zu mir, du Schelm? ... Ich nickte, vage schelmisch, nahm mir mein kokettes Getue selber übel und dass ich es nicht schaffte, Luc gegenüber Kurs zu halten. Trotzdem sagte ich, zurück-rudernd (gerade hatte ich meinen Cognac bekommen), hat dir diese Geschichte von dem Patienten nicht gefallen? Hast du sie nicht als perfekte Allegorie auf die Abwesenheit verstanden? – Abwesenheit wovon?, fragte Luc. – Des ande-ren. – Doch, doch, natürlich, sagte Luc und drückte auf den Senfspender. – Bist du sicher, dass du nichts essen willst? Nimm doch wenigstens ein paar Fritten. Ich nahm eine Frit-te. Cognac oder andere harte Getränke bin ich gar nicht ge-wöhnt. Schon beim ersten Schluck dreht sich mir der Kopf. Luc war nicht mal auf die Idee gekommen, mich ins Hotel mitzunehmen. Er hatte sich so daran gewöhnt, immer zu mir zu gehen, dass ihm einfach nichts anderes einfiel. Männer sind so was von unbeweglich. Immer sind wir es, die für Be-wegung sorgen. Ständig die Liebe beleben zu müssen ist er-müdend. Seit ich Luc Condamine kenne, lege ich mich die ganze Zeit krumm. In der Nische hinter uns ließen sich junge energiegeladene Herumkrakeeler nieder. Luc fragte mich, ob ich derzeit Kontakt zu den Toscanos hätte. Bei denen haben wir uns kennengelernt. Luc ist Roberts bester Freund. Sie arbeiten bei derselben Zeitung, aber Luc ist Chefreporter. Ich sagte, ich würde immer bis spät arbeiten und mich nur mit wenigen Leuten treffen. Luc sagte, er fän-de Robert deprimiert und er hätte ihm eine Frau vorgestellt. Das überraschte mich, ich hatte immer gedacht, Robert wäre nicht von derselben Sorte wie Luc. Ich sagte, ich wusste ja gar nicht, dass Robert Affären hat. – Hat er auch nicht, deshalb kümmere ich mich ja drum. Ich rief ihm ins Gedächtnis, dass ich als Odiles Freundin von solchen Vertraulichkeiten nichts hören wollte. Luc wischte sich lachend den Mund ab. Er kniff mir halb mitleidig in die Wange. Er hatte seine Schale Fritten schon verschlungen und machte sich jetzt über den Rest des Schnitzels her. – Wer ist es denn?, fragte ich. – O nein, Paola! Du bist mit Odile befreundet, du willst das nicht wissen! – Wer ist es? Kenne ich sie? – Nein, du hast recht, es wäre zu hässlich, wenn du es wüsstest. – Ja, sehr hässlich. Also sag schon. – Virginie. Sprechstundenhilfe. – Woher kennst du sie? … Luc deutete mit einer Geste die große weite Welt seiner Beziehungen an. Plötzlich war ich fröhlich. Ich hatte das ganze Glas Cognac ungewöhnlich schnell ausgetrunken. Im Grunde war ich fröhlich, weil Luc es wieder war. Er bestellte eine Aprikosentarte mit zwei Löffeln. Sie war sauer und zu sahnig, aber um die letzte Frucht balgten wir uns. Hinter uns lachten die jungen Leute, und ich fühlte mich jung wie sie. Ich sagte, nimmst du mich mit zu dir, Luc? Er sagte, gut, na los. Und ich wusste nicht mehr, ob das eine gute Idee war. Ich wusste sowieso nichts mehr so richtig. Eine Weile fühlten sich die Dinge noch ganz leicht an. Als wir durch den Regen rannten. Anfangs war die Stimmung auch im Auto leicht. Dann fiel mir eine von den CDs runter, die in der Mittelkonsole steckten. Sie rutschte aus ihrer Hülle und rollte unter meinen Sitz. Als ich sie wieder geangelt hatte, hielt Luc schon die Hülle in der Hand. Beim Fahren nahm er mir die CD aus der Hand und legte sie selbst zurück in die

Hülle. Dann räumte er sie an ihren Platz zwischen den anderen zurück und klopfte darauf, damit sie sich sauber einreihte. Das geschah ohne einen Ton. Ohne Worte. Ich kam mir ungeschickt vor, ja fast der Schnüffelei schuldig. Aus dieser Beflissenheit hätte ich schließen können, dass Luc Condamine ein Zwangscharakter ist, aber ich dumme Gans hätte nur am liebsten geweint wie ein ertapptes Kind. Und die Idee, zu ihm zu gehen, fand ich nicht mehr gut. Im Eingangsbereich des Gebäudes schloss Luc eine Glastür auf. Dahinter lehnten ein Kinderwagen und ein zusammengeklappter Buggy am Treppengeländer. Luc ließ mich vorgehen, und wir stiegen zu Fuß in die dritte Etage, über eine durch einen Fahrstuhlschacht beengte Treppe. Luc machte Licht in der Diele seiner Wohnung. Ich konnte volle Bücherregale erkennen und eine Garderobe, an der Anoraks und Mäntel hingen. Meinen zog ich aus, ebenso die Handschuhe und den Schal. Luc führte mich ins Wohnzimmer. Er regelte das Licht einer Halogenlampe und ließ mich einen Augenblick allein. Es gab ein Sofa, einen niedrigen Tisch, nicht zusammenpassende Stühle, wie in jedem Wohnzimmer. Ein ziemlich abgenutzter Ledersessel. Ein Bücherschrank, Bücher, gerahmte Fotos, darunter eines von Luc im Oval Office, wie hypnotisiert auf Bill Clinton starrend. Eine Ansammlung zufälliger Gegenstände. Ich setzte mich auf den äußersten Rand des Ledersessels. Das Vorhangmuster hatte ich schon mal irgendwo gesehen. Luc kam zurück, er hatte sich die Jacke ausgezogen. Er sagte, magst du was trinken? Ich sagte, einen Cognac, als wäre ich im Lauf eines Abends zu einer Frau geworden, die bei jeder Gelegenheit Cognac trinkt. Luc brachte eine Flasche Cognac mit zwei Gläsern. Er setzte sich aufs Sofa und schenkte uns ein. Nachdem er das Licht gedimmt und eine Lampe mit plissiertem Stoffschirm eingeschaltet hatte, lümmelte er sich zurückgelehnt in die Kissen und betrachtete mich. Ich saß auf wenigen Zentimetern Sessel, aufrecht, mit gekreuzten Beinen und versuchte, mir mit meinem Schnapsglas etwas Lauren-Bacallhaftes zu geben. Luc versank mit gespreizten Beinen im Sofa. Zwischen ihm und mir stand auf einem Beistelltischchen ein gerahmtes Foto seiner lachenden Frau, die mit den beiden Töchtern Minigolf spielt. Luc sagte, Andernos-les-Bains. Sie haben ein Familienhaus in Andernos-les-Bains. Seine Frau stammt aus Bordeaux. Mir wurde leicht schwindlig. Mit einer Langsamkeit, die mir fast melodramatisch vorkam, begann Luc, sich mit einer Hand das Hemd aufzuknöpfen. Dann schlug er es auf. Ich begriff, dass ich dasselbe tun sollte, dass ich mich ein paar Meter von ihm entfernt im selben Rhythmus entkleiden sollte. Luc Condamine hat, was das betrifft, einen großen Einfluss auf mich. Ich trug ein Kleid, darüber eine Strickjacke. Ich entblößte eine Schulter. Dann streifte ich einen Ärmel der Strickjacke ab, um Vorsprung zu gewinnen. Luc zog sich einen Hemdärmel aus. Ich entledigte mich der Strickjacke und warf sie zu Boden. Er tat dasselbe mit seinem Hemd. Nun war er oben ohne. Und lächelte mich an. Ich lüpfte mein Kleid und rollte ein Strumpfbein herunter. Luc zog die Schuhe aus. Ich schob das andere Strumpfbein herunter, machte ein Knäuel aus der Strumpfhose und warf sie ihm zu. Luc zog seinen Reißverschluss auf. Ich wartete einen Moment. Er befreite sein Geschlechtsteil, und plötzlich fiel mir auf, dass das Sofa türkis war. Ein schillerndes Türkis unter dem künstlichen Schummerlicht, und es überraschte mich, dass man zwischen all die anderen Dinge ein Sofa in dieser Farbe stellen konnte. Ich fragte mich, wer in diesem Paar wohl für die Inneneinrichtung zuständig war. Luc rekelte sich in eine laszive Position hinein, die ich zugleich sexy und peinlich fand. Ich betrachtete das Zimmer, die Bilder in ihrem künstlichen Zwielicht, die Fotos, die marokkanischen Laternen. Ich fragte mich, wem die Bücher gehörten, die Gitarre, die grässliche Elefantenfuß-Topfpflanze. Ich sagte, das alles wirst du niemals verlassen. Luc Condamine hob den Kopf und betrachtete mich, als hätte ich gerade einen vollkommen aberwitzigen Satz von mir gegeben.

Ernest Blot

Meine Asche. Ich weiß nicht, wohin damit. Ob sie irgendwo weggeschlossen oder verstreut werden soll. Ich frage mich das, während ich im Bademantel in der Küche vor meinem Laptop sitze. Jeannette läuft hin und her, eine Frau, die sich freut, ihren freien Tag mit Geschäftigkeit anzufüllen. Sie reißt Schränke auf, wirft Maschinen an, lässt Besteck klirren. Ich versuche, die Online-Version einer Zeitung zu lesen. Ich sage, Jeannette! ... Bitte. Meine Frau antwortet, keiner zwingt dich dazu, dich in die Küche zu setzen, während ich das Frühstück fertig mache. Ein Schlechtwetterrumpeln dringt vom Fenster herein. Ich fühle mich abgenutzt, bucklig und kneife trotz der Brille die Augen zusammen. Ich betrachte meine Hand, die über den Tisch irrt, um jenes Utensil geschlossen, das *Maus* genannt wird; ein Körper im Kampf mit einer Welt, zu der er nicht mehr gehört. Die Alten sind Menschen aus einer anderen Zeit, die in die Zukunft versetzt worden sind, sagte neulich mein Enkel Simon. Ein Genie, der Junge. Jetzt prasselt Regen an die Scheibe, und mir fallen Bilder ein, vom Meer, vom Fluss, von Asche. Mein Vater hat sich einäschern lassen. Wir holten ihn in einer hässlichen eckigen Metalldose ab, die braun angemalt war, in derselben Farbe wie die Klassenzimmerwände im Collège

Henri-Avril in Lamballe. Die Asche verstreute ich zusammen mit meiner Schwester Marguerite und zwei Vettern von einer Brücke in Guernonzé. Er wollte in der Braive sein. Hundert Meter von seinem Geburtshaus entfernt. Mitten in der Stadt. Da war ich vierundsechzig, ein paar Monate nach meinem fünffachen Bypass. Es gibt keinen Ort mit seinem Namen. Marguerite kann sich nicht an den Gedanken gewöhnen, dass er keinen eigenen Ort hat. Wenn ich hinfahre – einmal im Jahr, es ist weit –, klaue ich manchmal irgendwo auf einer Böschung eine Blume, oder ich kaufe eine und werfe sie verstohlen rein. Sie wird vom Wasser davongetragen. Und ich erlebe zehn erfüllte Minuten. Mein Vater fürchtete sich davor, eingesperrt zu sein wie sein Bruder. Ein Bruder, der sein komplettes Gegenteil war. Ein Vabanquespieler. Eine Art großer Gatsby. Wenn er ein Restaurant betrat, warf sich ihm das Personal zu Füßen. Er hat sich auch einäschern lassen. Seine letzte Frau wollte ihn zur Familie betten, in das Pharaonengrab, das sie haben. Der Subalterne vom Bestattungsinstitut öffnete die Tür aus ziselierter Bronze einen Spalt weit, stellte die Urne auf das erste der zwölf Marmorregale und schloss wieder ab. Auf dem Rückweg vom Friedhof sagte mein Vater im Wagen, da bist du stolz drauf, dein ganzes Leben lang durch den Haupteingang zu kommen, und am Ende schiebt man dich durch einen Türspalt und knallt dich hin, wo gerade Platz ist. Ich würde mich auch am liebsten in einer Strömung auflösen. Aber seit ich Plou-Gouzan L'Ic verkauft habe, gibt's für mich keinen Fluss mehr. Und der Fluss meiner Kindheit ist nicht mehr schön. Früher war er wild, zwischen den Steinen wuchsen Gräser, und dran entlang stand eine Wand aus Geißblatt. Heute sind die Ufer betoniert, und nebenan ist ein Parkplatz. Oder im Meer. Aber das ist zu groß (und ich habe Angst vor Haien). Ich sage zu Jeannette, ich möchte, dass du meine Asche in einen Wasserlauf streust, aber ich weiß noch nicht, in welchen. Jeannette schaltet den Toaster aus. Sie wischt sich die Hände an einem herumliegenden Lappen ab und setzt sich vor mich. – Deine Asche? Du willst dich einäschern lassen, Ernest? Zuviel Verzweiflung auf ihren Zügen, zuviel Pathos. Ich lache mit böse gebleckten Zähnen, jawohl. – Und das sagst du einfach so, als würdest du vom Gewitter reden? – Es ist kein großes Gesprächsthema. Sie schweigt. Sie streicht den Stoff der Tischdecke glatt, du weißt, dass ich dagegen bin. – Das weiß ich, aber ich will nicht in eine Gruft gestopft werden, Jeannette. – Du musst doch nicht alles wie dein Vater machen. Mit dreiundsiebzig. – Das ist ein gutes Alter, um es wie sein Vater zu machen. Ich setze meine Brille wieder auf. Ich sage, könntest du so freundlich sein, mich lesen zu lassen? – Du rammst mir ein Messer in den Bauch, und dann kehrst du zu deiner Zeitung zurück, antwortet sie. Das hätte ich gern, dass eine Zeitung auf dem Bildschirm erscheint. Dazu fehlt mir ein Passwort, eine ID, was weiß ich. Unsere Tochter Odile hat sich in den Kopf gesetzt, mich zu recyceln. Sie hat Angst, dass ich einrosten und mich isolieren könnte. Als ich noch im Geschäftsleben war, verlangte niemand von mir, mich der Moderne anzupassen. Gewundene Körper flattern über den Bildschirm. Sie erinnern mich an fliegende Mücken, an die Schlieren vor meinen Augen, als ich noch Kind war. Ich hatte einer Freundin damals davon erzählt.

Sind das Engel?, hatte ich sie gefragt. Sie meinte, ja. Darauf war ich irgendwie stolz. Ich glaube an nichts. Ganz sicher nicht an den ganzen religiösen Schwachsinn. Aber an Engel ein bisschen. An Konstellationen. An meine Rolle, so winzig sie sein mag, im großen Buch von Ursache und Wirkung. Es ist nicht verboten, sich als Teil eines Ganzen zu fühlen. Ich weiß nicht, was Jeannette mit diesem Lappen herumfuhrwerkt, statt Toast zu machen. Sie wringt die Ecken, die sie sich um den Zeigefinger wickelt. Das raubt mir jegliche Konzentration. Ich kann mit meiner Frau kein ernsthaftes Gespräch führen. Unmöglich, sich verständlich zu machen. Das gibt es nicht. Schon gar nicht im Rahmen einer Ehe, wo alles gleich zu einer Gerichtsverhandlung wird. Jeannette entrollt brüsk ihren Lappen und sagt mit düsterer Stimme, du willst nicht bei mir sein. – Wo bei dir sein?, frage ich. – Ganz allgemein, mit mir zusammensein. – Aber natürlich will ich bei dir sein, Jeannette. – Nein. – Im Tod sind wir alle allein. Hör doch mal mit diesem Lappen auf, was machst du denn? – Ich habe es immer traurig gefunden, dass deine Eltern nicht nebeneinander beerdigt sind. Deine Schwester findet das auch. – Papa ist sehr glücklich in der Braive, sage ich. – Und deine Mutter ist traurig, sagt Jeannette. – Meine Mutter ist traurig! Wieder meine böse gebleckten Zähne, sie hätte ihm ja nur zu folgen brauchen, statt durch die geplante Umbettung ihrer Eltern für sich selbst in der Familiengruft Platz zu schaffen. Wer hat sie dazu gezwungen? – Du bist ungeheuerlich, Ernest. – Das ist nichts Neues, sage ich. Jeannette hätte gern, dass wir zusammen beerdigt werden, damit die Besucher unsere beiden Namen sehen. Jeannette Blot und ihr liebender

Gatte, ordentlich in Stein gemeißelt. So möchte sie für immer die schmachvollen Zeiten unseres Ehelebens auslöschen. Früher, wenn ich die Nacht woanders verbracht hatte, zerknitterte sie meinen Schlafanzug, bevor das Zimmermädchen kam. Meine Frau zählt auf das Grab, um den bösen Zungen eins auszuwischen, sie will bis in den Tod eine Spießerin bleiben. Der Regen trommelt gegen die Fensterscheiben. Wenn ich aus Bréhau-Monge nach Lamballe zurückkam, wo mein Internat lag, blies der Abendwind. Ich presste meine Nase gegen die Wasserschlieren. Es gab da einen Satz von Renan, »Wenn um siebzehn Uhr die Glocke schlägt …« In welchem Buch? Das würde ich gern wiederlesen. Jeannette hat mit dem Lappengefummel aufgehört. Sie starrt in die unbestimmte Ferne, in das trübe Licht des Tages. Als sie jung war, hatte sie etwas Dreistes an sich. Sie ähnelte der Schauspielerin Suzy Delair. Die Zeit verändert auch die Seele der Gesichter. Ich sage, krieg ich nicht mal einen Kaffee? Sie zuckt die Achseln. Ich frage mich, was für ein Tag das werden soll. Früher achtete ich nie auf die schwindelerregende Schleife von Tag und Nacht, ich wusste nicht mal, ob es Morgen war, Nachmittag oder Gott weiß wann. Ich ging ins Ministerium, ich ging in die Bank, ich lief den Frauen nach und dachte nie an mögliche Folgen. Noch heute kommt es vor, dass ich munter genug bin, um ein bisschen zu flirten, aber ab einem gewissen Alter sind die Präliminarien ermüdend. Jeannette sagt, man kann sich auch für eine Einäscherung entscheiden, ohne die Asche nachher verstreuen zu lassen. Ich reagiere nicht mal. Ich kehre zu meiner kybernetischen Pseudotätigkeit zurück. Ich bin nicht dagegen, etwas

Neues zu lernen, aber mit welchem Ziel? Um meine Hirn-
zellen zu stimulieren, sagt meine Tochter. Wird das meine
Sicht auf die Welt verändern? Es gibt schon genug Pollen und
Sauereien in der Luft, man muss nicht auch den Staub des
Todes hinzufügen, das ist gar nicht nötig, sagt Jeannette.
– Ich frage jemand anders, sage ich. Odile oder Robert. Oder
Jean, aber ich fürchte, der geht vor mir dahin, der Idiot. Am
letzten Dienstag war er nicht gerade toll in Form, fand ich.
Streut mich in die Braive. Ich gehe zu meinem Vater. Nur
achte darauf, dass mir keine Zeremonie, kein Bestattungs-
ritual oder irgendein anderes Affentheater aufgezwungen
wird, keine weihevollen und faden Worte. – Wer weiß, vielleicht sterbe ich auch vor dir, sagt Jeannette. – Nein, nein, du
bist zäh. – Wenn ich vor dir sterbe, Ernest, dann will ich eine
Aussegnungsfeier, und du sollst erzählen, wie du in Roquebrune um meine Hand angehalten hast. Arme Jeannette. In
einer Zeit, die nur mehr eine diffuse Masse ist, machte ich
ihr durch das Guckloch eines mittelalterlichen Kerkers, in
den ich sie gesperrt hatte, einen Heiratsantrag. Wenn sie
wüsste, dass Roquebrune für mich jegliche Bedeutung verloren hat. Dass diese Vergangenheit sich aufgelöst und ver-
flüchtigt hat. Zwei Menschen leben nebeneinander, und ihre
Phantasie entfernt sie jeden Tag ein bisschen weiter voneinander. Ihr Frauen baut euch in eurem Innern verzauberte Paläste. Irgendwo da drinnen seid ihr mumifiziert, aber davon
wisst ihr nichts. Keine Freizügigkeit, keine Gewissenlosig-
keit, keine Grausamkeit wird als wirklich wahrgenommen.
Und an der Schwelle zur Ewigkeit sollen wir dann eine Geschichte vom Jüngling und der Maid erzählen. Alles ist Miss-

verständnis und Lähmung. – Rechne nicht damit, Jeannette. Ich werde vor dir gehen, zum Glück. Und du wirst meine Einäscherung miterleben. Es riecht auch nicht mehr nach gebratenem Schwein wie früher, keine Sorge. Jeannette schiebt ihren Stuhl zurück und steht auf. Sie wirft ihren Lappen auf den Tisch. Sie macht den Gasherd aus, wo das Wasser meiner Eier verkocht, und zieht den Stecker des Toasters heraus. Als sie aus der Küche geht, wirft sie mir noch hin, zum Glück hat dein Vater sich nicht in Stücke schneiden lassen, sonst würdest du das auch machen. Ich glaube, die Deckenlampe schaltet sie auch aus. Der Tag bringt überhaupt kein Licht, und ich bleibe in einer düsteren Rumpelkammer hocken. Aus meiner Tasche ziehe ich das Päckchen Gauloises. Ich habe Doktor Ayoun versprochen, nicht mehr zu rauchen. So wie ich ihm versprochen habe, Salat und gegrillte Steaks zu essen. Er ist nett, dieser Ayoun. Eine einzige wird mich schon nicht umbringen. Meine Augen fallen auf den hölzernen Krabbenkescher, der seit Jahren an der Wand hängt. Er ist fünfzig Jahre alt, irgendwer hat mal mit ihm unter Algen und in Felsspalten gefischt. Früher steckte Jeannette immer kleine Thymiansträußchen, Lorbeer, alle möglichen Kräuter in das Netz. Die Gegenstände häufen sich an und dienen zu nichts mehr. Genau wie wir. Ich lausche dem Regen, der etwas leiser geworden ist. Der Wind ebenso. Ich klappe den Laptop zu. Alles, was vor unseren Augen liegt, ist bereits Vergangenheit. Ich bin nicht traurig. Die Dinge sind zum Verschwinden gemacht. Ich werde ohne großes Aufheben gehen. Weder Sarg noch Knochen hinterlassen. Alles wird weitergehen wie immer. Alles wird fröhlich vom Wasser davongetragen.

Philip Chemla

Ich würde gern das Leid der Liebe spüren. Neulich Abend habe ich im Theater diesen Satz gehört: »Traurigkeit nach intimem Geschlechtsverkehr ist einem natürlich vertraut. (…) Ja, man ist darauf gefasst, ihr zu begegnen.« Das war in *Glückliche Tage* von Beckett. Glückliche Tage der Traurigkeit, die ich nicht kenne. Ich träume nicht von Vereinigung oder Idylle, von überhaupt keinem sentimentalen Glück, das mehr oder weniger dauerhaft ist, nein, ich möchte gern eine bestimmte Form der Traurigkeit kennenlernen. Ich erahne sie. Vielleicht habe ich sie schon einmal empfunden. Ein Gefühl auf halbem Wege zwischen der Sehnsucht und dem schweren Herzen der Kindheit. Ich möchte gern zwischen den Hunderten von Körpern, die ich begehre, auf den einen stoßen, dem es gegeben ist, mich zu verletzen. Selbst von weitem, selbst abwesend, selbst auf einem Bett hingestreckt, mir den Rücken zukehrend. Auf einen Liebhaber, mit einer unkenntlichen Klinge gerüstet, die mir die Haut abzieht. Das ist die Signatur der Liebe, das weiß ich aus den Büchern, die ich las, früher, bevor mir die Medizin alle Zeit raubte. Zwischen meinem Bruder und mir wurde nie ein Wort verloren. Als ich zehn war, ist er zum ersten Mal in mein Bett gekommen. Er war fünf Jahre älter als ich. Die Tür war angelehnt.

Ich begriff nicht ganz, was da passierte, aber ich wusste, dass es verboten war. Ich erinnere mich nicht genau an das, was wir gemacht haben. Jahrelang. Es wurde gestreichelt und gerieben. Ich erinnere mich noch an den Tag, an dem er gekommen ist, und auch an meinen ersten Höhepunkt. Sonst nichts. Ich weiß nicht mehr genau, ob wir uns geküsst haben, aber wenn ich danach gehe, welchen Stellenwert das Küssen später in meinem Leben bekam, dann bestimmt. Mit der Zeit und bis zu seiner Heirat war ich es dann, der zu ihm kam. Kein Wort fiel zwischen uns. Außer *nein*, wenn ich ankam. Er sagte nein, aber er ließ sich immer wieder darauf ein. Ich kann mich zwischen meinem Bruder und mir nur an Schweigen erinnern. Kein Austausch, keine Sprache, die ein erträumtes Leben hätte nähren können. Keine Überschneidung zwischen Gefühl und Sex. Hinten im Garten stand die Garage. Durch eine kaputte Scheibe betrachtete ich das Leben auf der Straße. Eines Nachts sah mich ein Müllmann und zwinkerte mir zu. Es war Nacht und dunkel, der verbotene Mann auf seinem Wagen. Später, als ich nicht mehr so jung war, ging ich auf die Jagd nach Müllmännern. Mein Vater hatte ein Abo der Reihe *Lebendiges Afrika*. Ein Bruder von ihm lebte in Guinea. Das war mein erstes Pornoheft. Dunkel glänzende Körper auf glänzendem Papier. Massige, Geborgenheit ausstrahlende Bauern glitzerten, fast nackt, auf den Seiten. An einer Wand, über meinem Bett, hatte ich Nofretete aufgehängt. Sie wachte wie eine unberührbare, finstere Ikone über mich. Vor der Internatszeit ging ich in die Grünanlagen der Stadt und bot mich den Arabern an. Ich sagte, benutz mich. Eines Tages merkte ich, während wir uns in einem Treppenhaus auszogen, dass der Typ mir mein Geld klauen wollte. Ich sagte, willst du Geld? Er schmolz in meinen Armen dahin. Alles wurde einfach, fast zärtlich. Mein Vater weiß von einem Teil meines Lebens absolut nichts. Er ist ein aufrechter Mann, die Herkunft ist ihm wichtig. Ein authentischer, guter Jude. Ich denke oft an ihn. Ich fühle mich freier, seit ich bezahle. Das legitimiert meine Rolle, auch wenn ich dann das Machtverhältnis wiederherstellen muss. Mit bestimmten Jungen komme ich ins Gespräch. Ich erkundige mich nach ihrem Leben, ich bezeuge ihnen meine Wertschätzung. Insgeheim sage ich zu meinem Vater, eine kleine Macke gibt es da schon, aber den grundsätzlichen Weg halte ich ein. Samstagabends oder manchmal auch unter der Woche gehe ich nach Dienstschluss in den Bois de Boulogne, in die Kinos, in die Gegenden, wo sich Jungs nach meinem Geschmack finden lassen. Ich sage zu ihnen, ich steh auf große Schwänze. Ich will sie sehen. Sie holen sie raus. Mal steif, mal nicht. Wenn ich mir jemanden aussuche, will ich seit einiger Zeit wissen, ob er auch Ohrfeigen gibt. (Für Ohrfeigen zahle ich keinen höheren Satz. Ohrfeigen dürfen nicht Teil der Verhandlungen werden.) Früher stellte ich diese Frage irgendwann mittendrin. Heute frage ich gleich danach. Es ist eine unvollendete Frage. Eigentlich müsste sie lauten: Gibst du Ohrfeigen? Und sofort danach: Tröstest du? Das kann man nicht fragen. Man kann auch nicht sagen, tröste mich. Allerhöchstens: Streichle mein Gesicht, weiter kann ich nicht gehen. Mehr würde ich nicht wagen. Bestimmte Worte haben da keinen Platz. Seltsamer Befehl, *tröste mich.* Zwischen all den anderen Imperativen, leck mich, schlag mich, küss mich, steck mir deine Zunge rein (viele tun das nicht), kann man sich »tröste mich« nicht vorstellen. Was ich wirklich will, kann ich nicht äußern. Ins Gesicht geschlagen werden, mein Gesicht den Schlägen hinhalten, meine Lippen, meine Zähne, meine Augen darbieten und dann ganz plötzlich liebkost werden, wenn ich es nicht erwarte, und dann wieder geschlagen werden, im richtigen Rhythmus, im richtigen Maß, und nachdem ich gekommen bin, in die Arme genommen und mit Küssen bedeckt werden. Diese Vollkommenheit gibt es nicht, außer vielleicht in der Liebe, die ich eben nicht kenne. Seit ich bezahle und Ansagen mache, bin ich unabhängig. Ich tue das, was ich im realen Leben nicht zu erreichen weiß: ich gehe auf die Knie, ich liefere mich aus. Ich bohre meine Knie in die Erde. Ich begebe mich in die totale Unterwerfung. Das Geld verbindet uns wie jede beliebige andere Bindung. Der Ägypter legte mir die Hände aufs Gesicht. Er nahm mein Gesicht, die Handflächen an meinen Wangen. Meine Mutter machte diese Geste, wenn ich eine Ohrentzündung hatte, sie wollte das Brennen des Fiebers mit ihren Händen lindern. Sonst, im Alltag, war sie eher distanziert. Der Ägypter leckte mir über den Mund und verschwand in der Nacht, so wie die Müllmänner damals. Seitdem suche ich ihn. Ich wandere über Nebenwege, gehe in die abgelegenen Ecken des Bois. Er ist nicht da. Wenn ich mich anstrenge, spüre ich noch die Feuchtigkeit seiner Zunge auf den Lippen. Das atemberaubende Kondensat von etwas, das ich nicht kenne. Jean Ehrenfried, ein Patient, den ich gern mag, hat mir die *Duineser Elegien* von Rilke geschenkt. Er sagte, Lyrik, Doktor Chemla, vielleicht haben Sie Zeit dafür?

Vor meinen Augen schlug er das Buch auf und las mir die ersten Worte vor (da fiel mir nebenbei auf, dass seine Stimmkraft seit unserem letzten Termin nachgelassen hatte), »Wer, wenn ich schriee, hörte mich denn aus der Engel Ordnungen?« Ein schmales Buch. Es liegt neben meinem Bett. Ich habe den Satz noch einmal gelesen und dabei an Ehrenfrieds schwächelnde Stimme gedacht, seine Kombinationen aus gepunkteten Krawatten und originellen Einstecktüchern. Seit Wochen wartet die Lyrik unter der Lampe auf mich. Jeden Morgen stehe ich um halb sieben auf. Eine Stunde später kommt mein erster Patient. Etwa dreißig schaffe ich pro Tag. Ich unterrichte, meine Artikel erscheinen in internationalen Zeitschriften für Strahlentherapie und Onkologie, ich mache im Jahr ungefähr fünfzehn Kongresse mit. Ich habe keine Zeit mehr, meinem Leben ein Ziel zu geben. Manchmal schleppen mich Freunde ins Theater mit. Vor kurzem habe ich *Glückliche Tage* gesehen. Ein kleiner Sonnenschirm unter einer niederdrückenden Sonne. Der Körper, der langsam, aber sicher einsinkt, von der Erde eingesogen, der Mensch, der *mit leichtem Herzen* weiterleben will und sich über winzige Überraschungen freut. Das kenne ich. Das erstaunt mich jeden Tag. Aber ich bin mir nicht sicher, ob ich weitere Worte hören will. Dichter haben keinen Sinn für die Zeit. Diese Leute ziehen einen in fruchtlose Melancholie hinein. Ich hatte den Ägypter nicht um seine Telefonnummer gebeten. Das tue ich normalerweise nie. Wozu auch? Es ist schon mal vorgekommen. Aber bei ihm nicht. Irgendwo in mir hat er eine Spur hinterlassen, die ich nicht zu fassen bekomme. Vielleicht hat das mit diesem bösen Geist von Beckett zu tun.

Im Bois, hinter dem Zaun Richtung Passy, bin ich nicht nach dem Ägypter auf der Suche. Den habe ich sogar in den Toilettenkabinen gesucht, wo er nie zu sehen war. Es geht um ein Fluidum der Traurigkeit. Etwas Ungreifbares, tiefer, als wir einschätzen können, das nichts mit der Wirklichkeit zu tun hat. Mein Leben ist schön. Ich tue etwas, das ich liebe. Morgens bin ich schon beim Aufstehen fit wie ein Turnschuh. Ich habe festgestellt, dass ich stark bin. Ich meine, entscheidungsstark, risikofreudig. Die Patienten haben meine Handynummer, sie können mich rund um die Uhr anrufen. Ich verdanke ihnen viel. Ich möchte ihnen gerecht werden (auch aus diesem Grund will ich mich auf dem Laufenden halten und mich nicht auf die klinische Krebsforschung beschränken). Ich weiß seit langem, dass es den Tod gibt. Bevor ich mich für Medizin entschied, tickte schon die Uhr in meinem Kopf. Ich bin meinem Bruder nicht böse. Ich weiß nicht einmal, welchen Platz genau er in meinem Leben einnimmt. Die menschliche Komplexität lässt sich nicht auf ein Kausalitätsprinzip reduzieren. Vielleicht hätte ich auch ohne diese Jahre des Schweigens den Mut gefunden, das Risiko einer Beziehung einzugehen, in der beides vorkommt, Sex und Liebe. Wer weiß das schon? Im Allgemeinen bezahle ich nachher. Fast immer. Der andere muss mir schon vertrauen, wie ein Freundschaftsbeweis. Den Ägypter bezahlte ich vorher. Zufällig. Er steckte den Schein nicht in die Tasche, sondern behielt ihn in der Hand. So, dass das Geld in meinem Blickfeld war, während ich ihm einen lutschte. Er steckte ihn mir in den Mund. Ich lutschte seinen Schwanz und das Geld. Er stopfte mir den Schein in den Mund und legte mir die

Hand aufs Gesicht. Ein Schwur ohne Morgen, von dem kein Mensch je erfahren wird. Als Kind konnte ich meiner Mutter einen aufgelesenen Kiesel oder eine Kastanie schenken. Ich sang ihr auch Liedchen vor. Ebenso überflüssige wie unsterbliche Opfergaben. Ich habe schon oft Patienten von der einzig gültigen Wirklichkeit, der Gegenwart, überzeugen können. Der ägyptische Junge steckte mir den Schein in den Mund und legte mir die Hand aufs Gesicht. Ich nahm alles, was er mir gab, seinen Schwanz, das Geld, die Freude, das Leid.

Loula Moreno

Anders Breivik, der Norweger, der neunundsechzig Personen erschossen und acht weitere mit einer Bombe getötet hat, sagte in Oslo vor Gericht, »unter normalen Umständen bin ich ein sehr netter Mensch«. Als ich diesen Satz las, fiel mir sofort Darius Ardashir ein. Unter normalen Umständen, wenn er sich nicht gerade darum bemüht, mich kaputtzumachen, ist Darius Ardashir sehr sympathisch. Außer mir, seiner Gattin vielleicht und den anderen Frauen, die das Pech hatten, ihr Herz an ihn zu hängen, weiß niemand, dass er ein Ungeheuer ist. Die Journalistin, die mich heute Morgen interviewt, gehört zu den Frauen, die ihren Tee mit vorsichtigen Bewegungen und einer Reihe kleiner nervtötender Rituale trinken. Gestern Abend gegen sechs Uhr sagte Darius Ardashir zu mir, ich rufe dich in einer Viertelstunde zurück. Mein Handy auf dem Tisch klingelt nicht, leuchtet nicht auf. Es ist zwölf Uhr mittags. In der Nacht bin ich fast durchgedreht. Die Journalistin sagt, Sie sind vor kurzem dreißig geworden, haben Sie einen Wunsch? – Hundert. – Einen davon. Ich sage, eine Nonne spielen. Oder gewellte Haare haben. Niederschmetternde Antworten. Ich will geistreich sein. Ich schaffe es nicht, ganz schlicht an der Oberfläche zu bleiben. – Eine Nonne! Sie bemüht sich um ein etwas schiefes Lächeln, das offenbar unterstreichen soll, dass ich nicht die erste Wahl bei dieser Rollenbesetzung wäre. – Warum nicht? – Was ist Ihr größter Fehler? – Da gibt es tausend. – Der, den Sie am liebsten los wären? – Meinen schlechten Geschmack. – Sie haben einen schlechten Geschmack? Auf welchem Gebiet? Ich sage, bei den Männern. Sofort tut es mir leid. Ich rede immer zuviel. Neben uns macht ein junges Mädchen einen Tisch sauber. Sie fährt mit einem nassen Lappen über das gewachste Holz, macht die gute alte Kreisbewegung, sie verstellt den Streichholzständer, legt die Kuchenkarte auf einen anderen Tisch, danach legt sie alles wieder an Ort und Stelle und geht weg. Von meinem Platz aus sehe ich sie an der Bar stehen und um eine andere Aufgabe bitten. Die eigentliche Kellnerin gibt ihr ein Tablett, auf das sie in Zeltform gefaltete Werbekarten gelegt hat, sie zeigt auf die leeren Tische, und die Kleine macht sich daran, die Karten neben den Topfveilchen aufzustellen. Großartig, wie gewissenhaft sie ist. Die Journalistin sagt, bevorzugen Sie einen bestimmten Männertyp? Ich höre mich antworten, gefährliche, irrationale Macker. Ich dämpfe das mit einem kleinen Glucksen ab, schreiben Sie das nicht, Madame, ich rede nur so daher. – Ach, schade. – Schöne, glatte Männer à la *Mad Men* ziehen mich nicht an, ich mag die kleinen Verbeulten, die schlechtgelaunt aussehen und nicht viele Worte machen. Ich könnte mich weiter ausmären, aber ich ersticke gerade fast an einem Olivenkern. Ich sage, schreiben Sie das alles nicht. – Schon passiert. – Dann veröffentlichen Sie es nicht, das interessiert niemanden. – Im Gegenteil. – Ich möchte nicht so über mich sprechen. – Die Leser werden sich geehrt fühlen, Sie machen Ihnen damit ein Geschenk. Sie zieht ihren Rock unter dem Hintern zurecht und bestellt noch heißes Wasser für ihren Tee. Ich vertilge die letzten Oliven und bestelle ein zweites Glas Wodka. Ich lasse mich einwickeln, ich habe bei solchen Leuten null Autorität. Die Journalistin fragt mich, ob ich erkältet bin. Ich sage, nein, wieso? Sie findet meine Stimme im wahren Leben tiefer. Sie sagt, ich würde so nach Schlafzimmer klingen. Ich lache dümmlich. Sie glaubt, mit diesem albernen Ausdruck würde sie mir eine Freude machen. Mein Handy auf dem Tisch gibt kein Lebenszeichen von sich. Keins. Gar keins. Das kleine Mädchen geht ruhig, mit weit vorgestrecktem Kinn zwischen den Sofas hindurch. – Wo kommt das her, Loula Moreno? So heißen Sie doch nicht wirklich – Das stammt aus einem Lied von Charlie Odine ... »Leere Versprechen an billigen Orten / schläfst mit Regisseuren der kläglichsten Sorten / Loula, du wartest, dass dein Tag anbricht / erfüllst die Paläste, wo du harrst, mit Licht ...« – Dass dein Tag an- bricht? – Im Lied? Nein. – Für Sie? – Auch nicht. Ich trinke meinen Wodka aus und lache. Wie wunderbar, dass man das Lachen hat. Es ist wie ein Joker. Es funktioniert in allen Rich- tungen. Das Mädchen geht. Es ist wieder zu einem Kind ge- worden, mit Regenmantel und Schultasche. Genau als sie hinter der verglasten Holztür verschwindet, sehe ich Darius Ardashir hereinkommen. Ich weiß, dass er diese Bar besucht. Kurzum, ich habe diese Bar sogar in der verschwindend ge- ringen Hoffnung ausgewählt, ihn zu sehen. Aber Darius Ardashir taucht nicht mit seinen üblichen Komplizen in dunklen Anzügen mit dunklen Krawatten auf (ich hab nie recht begriffen, was er wirklich macht, einer von der Sorte, deren Name an einem Tag mit der Politik in Verbindung gebracht wird und am nächsten mit einem Industriekonzern oder dem Waffenhandel), er hat eine Frau dabei. Mit einem Zug leere ich mein Glas, und mein Zäpfchen steht in Flammen. Ich bin es nicht gewohnt zu trinken. Schon gar nicht morgens. Die Frau ist groß, der klassische Typ, die blonden Haare elegant hochgesteckt. Darius Ardashir führt sie zu zwei Sesseln in der Ecke neben dem Piano. Er hat feuchte Haare. Eine Hand hat er auf ihren unteren Rücken gelegt. Ich habe die Frage der Journalistin nicht gehört. Ich sage, Entschuldigung, wie bitte? Ich hebe den Arm, Kellner, noch einen Wodka. Ich sage zur Journalistin, das macht mich wach, ich habe letzte Nacht nicht viel geschlafen. Immer muss ich mich rechtfertigen. Absurd. Ich bin dreißig, ich bin berühmt, ich kann an jedem beliebigen Abgrund tanzen. Darius Ardashir versucht, einen kleinen bedruckten Schirm zu schließen. Er kämpft ohne jeden Verstand mit den Speichen. Am Ende drückt er sie mit Gewalt zusammen und wurschtelt den Stoff irgendwie darum. Die Frau lacht. Diese Szene bringt mich um. Die Journalistin sagt, haben Sie Sehnsucht nach Ihrer Kindheit? So, wie sie sich zu mir vorbeugt, ähnlich wie man es bei Schwerhörigen macht, vermute ich, dass sie die Frage schon mindestens einmal gestellt hat. – O nein, überhaupt nicht, sage ich, die Kindheit gefiel mir nicht, ich wollte groß sein. Sie beugt sich noch weiter vor und sagt irgendwas, das ich nicht verstehe, ich nehme mein Handy, stehe auf und sage, entschuldigen Sie mich einen Augenblick. Ich bewege mich so diskret wie möglich auf die Toiletten zu.

Der Wodka lässt mich leicht torkeln. Ich betrachte mich im Spiegel. Ich bin blass, meine Augenringe finde ich gut. Ich bin eine attraktive Frau. Auf meinem Handy schreibe ich, »Ich sehe dich«. Ich schicke die SMS an Darius Ardashir. Vor ein paar Tagen hab ich zu ihm gesagt, ich sei seine Sklavin, ich wolle, dass er mich an der Leine führe. Darius Ardashir hat geantwortet, er möge keine Art von Ballast, selbst ein kleiner Aktenkoffer sei ihm zuviel. Ich kehre, ohne aufzupassen, in die Bar zurück. Ich werfe keinen Blick in Richtung Piano. Als die Journalistin mich zurückkommen sieht, leuchtet ihr Gesicht beinahe mütterlich auf. Sie sagt, können wir weitermachen? Ich sage ja. Ich setze mich. Er muss meine SMS erhalten haben, Darius Ardashir ist mit seinem Telefon verwachsen. Ich drücke den Rücken durch, ich recke meinen Schwanenhals. Vor allem darf ich nicht in seine Richtung schauen. Die Journalistin stöbert in ihren Notizen und sagt, Sie sagten gerade … – Mein Gott. – Sie sagten gerade, die Männer sind die Gäste der Liebe. – Das habe ich gesagt? – Ja. – Nicht schlecht, der Satz. – Könnten Sie das etwas vertiefen? Ich sage, ob ich wohl ausgeschimpft werde, wenn ich rauche? Sie sagt, ich fürchte ja. Mein Handy leuchtet auf. Darius A. antwortet mir. »Na, du Freches.« Ich drehe mich um. Darius Ardashir bestellt Getränke. Er trägt eine braune Jacke über einem beigen Hemd, die blonde Frau ist in ihn verliebt, das sieht man auf zehn Kilometer. *Na, du Freches*, als ob nichts wäre. Darius Ardashir ist der Meister der puren Gegenwart. Die Nacht löscht alle Spuren des Vortages, und die Worte prallen so leicht von allem ab wie Heliumballons. Ich schreibe: »Wer ist das?« Und bereue es sofort. Ich schreibe: »Nein, mir egal.« Aber das lösche ich zum Glück wieder. Die Journalistin seufzt und lässt sich gegen die Sessellehne sinken. Ich schreibe: »Wollten wir nicht gestern Abend essen gehen? Nein?!« Löschen, bloß löschen. Vorwürfe lassen die Männer in großen Sätzen die Flucht ergreifen. Zu Anfang sagte Darius Ardashir zu mir, ich liebe dich mit dem Kopf, dem Herzen und dem Schwanz. Den Spruch erzählte ich Rémi Grobe, meinem besten Freund, der darauf sagte, ein Dichter, dein Typ, das probier ich mal aus, bei gewissen Dummtorten funktioniert das vermutlich. Bei mir funktioniert es bestens. Ich habe keine Lust auf allzu feine Zwischentöne. Ich sage zur Journalistin, wovon sprachen wir gerade? Sie schüttelt den Kopf, sie weiß es selber nicht mehr. Mir dreht sich der Kopf. Ich rufe den Kellner, ich bestelle noch einen salzigen Mix, mit Cashewnüssen vor allem. Dieses *Wer ist das?* kann ich nicht so stehen lassen. Zu schwach. Vor allem, da er nicht antwortet. Dann fällt mir etwas Gutes ein. Ich schreibe: »Sag ihr, du magst nur Anfänge.« Exzellent. Ich schicke es ihm. Nein, ich schicke es nicht. Ich weiß noch was Besseres. Ich winke noch mal dem Kellner. Er kommt mit den Chips und den Cashewnüssen. Ich bitte ihn um ein Blatt Papier. Ich sage zu der Journalistin, entschuldigen Sie, ist alles ein bisschen konfus heute Morgen. Sie hebt schlaff die Hand zum Zeichen ihrer völligen Ergebung. Ist mir das peinlich? Keine Zeit dafür. Der Kellner bringt mir ein großes Blatt Schreibpapier. Ich bitte ihn zu warten. Ich schreibe den Satz ganz oben hin und falte das Blatt sorgfältig zusammen. Ich bitte den Kellner, es diskret dem Mann in der braunen Jacke neben dem Piano zu bringen, ohne zu sagen, wo es herkommt. Der Kellner sagt mit entsetzlich heller Stimme, Monsieur Ardashir? Ich bestätige mit einem Wimpernschlag. Er zieht los. Ich stürze mich auf die Mischung aus Pistazien und Cashewnüssen. Ich darf auf gar keinen Fall nachschauen, was gerade neben dem Piano passiert. Die Journalistin ist aus ihrer Erstarrung aufgetaucht. Sie hat ihre Brille abgesetzt und sie in ihrem Etui verstaut. Sie räumt auch ihre Unterlagen zusammen. Ich kann jetzt aber nicht hier allein bleiben. Ich sage zu ihr, wissen Sie, ich fühle mich alt. Mit dreißig fühlt man sich nicht jung. Heute Nacht konnte ich nicht schlafen, da habe ich in Paveses Tagebuch gelesen. Kennen Sie das? Es liegt auf meinem Nachttisch, es tut gut, etwas Trauriges zu lesen. An einer Stelle schreibt er: »Alle die Verrückten, die Verfluchten, die Verbrecher sind Kinder gewesen, haben gespielt wie du, haben geglaubt, dass etwas Schönes sie erwarte.« Schreiben Sie das nicht, aber ich habe lange geglaubt, dass ich in diesem Beruf nur eine Sternschnuppe sein würde. Die Journalistin betrachtet mich besorgt. Sie ist nett, die Ärmste. Der Kellner kommt mit dem zusammengefalteten Blatt Papier zurück. Ich zittere. Ich halte es einen Moment in der Hand, dann entfalte ich es. Oben steht mein Satz, »Sag ihr, du magst nur Anfänge«, unten hat er mit feiner schwarzer Schrift geschrieben »Nicht immer«. Sonst nichts. Ohne Punkt. Auf wen bezieht sich das? Auf mich? Auf die Frau? … Ich wende meinen Blick in Richtung Piano. Darius Ardashir und die Frau sind bester Laune. Die Journalistin beugt sich zu mir und sagt, etwas Schönes hat Sie erwartet, Loula.

Raoul Barnèche

Ich habe einen Treff-König gegessen. Nicht ganz, aber fast. Ich bin ein Mann, mit dem es so weit gekommen ist, dass er einen Treff-König in den Mund stecken kann, ein Stück abbeißt, es kaut, wie ein Wilder rohes Fleisch kauen würde, und es runterschluckt. Das habe ich getan. Ich habe eine Karte gegessen, die Dutzende andere vor mir befingert hatten, mitten im Turnier in Juan-les-Pins. Nur eins muss ich zugeben, den Anfangsfehler. Mit Hélène zu spielen. Mich erwischen zu lassen von der kleinen Nachtmusik der weiblichen Gefühle. Seit Jahren weiß ich, dass ich nicht mehr im Team mit meiner Frau Hélène spielen sollte. Die Zeit, als wir das noch voll Harmonie tun konnten – das ist übertrieben formuliert, diesen Begriff gibt es beim Bridge nicht –, also sagen wir, in einem Geist des Wohlwollens, jedenfalls von meiner Seite, in einem Geist, ich suche nach dem Wort, der Kompromissbereitschaft, die ist seit langem vorbei. Einmal haben wir zusammen die Offenen Französischen Mixed-Meisterschaften gewonnen, das war ein glücklicher Zufall. Seitdem hat unsere Verbindung in keiner Weise mehr geglänzt, dafür aber meine Herzkranzgefäße versaut. Als ich Hélène kennenlernte, konnte sie noch kein Bridge spielen. Ein Freund nahm sie in ein Café mit, wo nachts gespielt wurde. Sie machte damals eine Ausbildung zur Sekretärin. Sie setzte sich also hin und sah zu. Sie kam wieder. Ich habe ihr dann alles beigebracht. Mein Vater war Maschinenbautechniker bei Renault, meine Mutter Näherin. Hélène stammte aus dem Norden. Ihre Eltern waren Arbeiter in der Textilbranche. Heutzutage ist das für die kleinen Leute alles zugänglicher geworden, aber damals gab es Leute wie uns in den Klubs nicht. Bevor ich alles für das Spiel aufgab, war ich Chemieingenieur bei Labinal. Tagsüber in Saint-Ouen, abends im Darcey an der Place Clichy, dann in den Klubs. Am Wochenende im Hippodrome. Die kleine Hélène kam mit. Die Spielleidenschaft lässt sich nicht vermitteln. Dafür gibt es im Gehirn eine Extra-Schublade. Eine Schublade *Karten*. Wer die nicht hat, hat sie eben nicht. Da kann man so viel Unterricht nehmen, wie man will, nichts zu machen. Hélène hatte sie aber. Auf der Kurzstrecke schlug sie sich anständig im Spiel. Frauen können sich auf der Langstrecke nicht konzentrieren. Nach dreizehn Jahren Bridge, jeder für sich, wacht Hélène eines schönen Morgens auf und schlägt vor, wir sollten das Turnier von Juan-les-Pins nochmal gemeinsam machen. Juan-les-Pins, der blaue Himmel, das Meer, eine Erinnerung an ein Gasthaus in Le Cannet, sie hatte Gott weiß welche Bilder im Kopf. Ich hätte nein sagen sollen und sagte ja wie jeder alternde Mann. Bei der Hand 17 ereignete sich das Drama. Pik-Fünf von Nord-Süd gespielt. Ich spiele die Karo-Zwei aus, klein vom Dummy, Ass von Hélène, klein. Hélène zieht ihr Treff-Ass, Nord legt klein, ich habe drei Treff zum König und lege die Neun, klein vom Dummy. Was macht Hélène? Was macht eine Frau, der ich alles beigebracht habe und die man inzwischen als Pik-Spielerin einstufen kann? Sie spielt Karo zurück. Ich habe die Treff-Neun gelegt, und Hélène spielt mir Karo zurück! Wir hatten drei Topstiche und haben nur zwei gemacht. Am Ende der Partie zeigte ich meinen Treff-König und schrie, wo soll ich den jetzt hintun? Soll ich ihn auffressen? Willst du mich umbringen, Hélène? Soll ich hier mitten im Kongresszentrum einen Herzanfall kriegen? Ich wedelte ihr mit der Karte vor der Nase herum und stopfte sie mir dann ins Maul. Ich fing an zu kauen und brachte noch heraus, hast du meine Treff-Neun nicht gesehen, du Idiotin, glaubst du, ich spiele die Neun zum Spaß? Hélène war erstarrt. Die Gegner waren erstarrt. Das setzte mich erst recht unter Strom. Wenn man Pappe isst, wird einem ziemlich schnell schlecht, aber ich legte los, was die Kiefer hergaben, und konzentrierte mich aufs Kauen. Dann bemerkte ich eine Bewegung in der Nähe, hörte ein Lachen, und dann sah ich das Gesicht meines Freundes Yorgos Katos näher kommen, das ist ein alter Freund von der Place Clichy. Yorgos sagte, was machst du denn da, Raoul, spuck den Scheiß aus, Alter. Ich sagte, unter großen Mühen, weil ich gerade unbedingt diesen Treff-König runterschlucken wollte, wo hat die ihren weißen Stock hingetan, hm? Hol deinen weißen Stock raus, du dumme Kuh! Yannis sagte – glaube ich jedenfalls –, jetzt reg dich mal nicht so auf, Raoul, es ist nur ein Turnier, ein Spaß für den Strand. Das ist der letzte Satz, an den ich mich erinnern kann. Ich hörte, wie der Schiedsrichter gerufen wurde, der Tisch schwankte, Hélène stand auf und streckte die Arme aus, ich wollte ihre Finger erwischen, und dann schwebte sie mit den anderen im Kreis um meinen Kopf, ich spürte die Berührung anderer Körper, mir wurde übel, ich reiherte über den Spieltisch, und dann nichts mehr. Aufgewacht bin ich in einem anisgrünen Raum, den ich nicht kannte und der sich als unser Hotelzimmer entpuppte. Drei Leute flüsterten auf der Türschwelle, Yorgos, Hélène und ein Unbekannter. Dann ging der Unbekannte weg. Yorgos warf einen Blick aufs Bett und sagte, er erwacht zu neuem Leben. Yorgos hat dieselben Haare wie Joseph Kessel. Eine Art Löwenmähne, die den Frauen gefällt und die mich neidisch macht. Hélène kam an mein Bett gestürzt, wie geht es dir? Sie streichelte mir lieb über die Stirn. Ich sagte, was ist los? – Weißt du nicht mehr? Du hast gestern Abend beim Turnier einen kleinen Nervenzusammenbruch gehabt. Du hast einen Treff-König gefressen, sagte Yorgos. – Ich hab einen Treff-König gefressen? Ich richtete mich versuchsweise auf, was mir furchtbar anstrengend vorkam. Hélène schüttelte meine Kissen auf. Ein Sonnenstrahl fiel auf ihr Gesicht, sie war so hübsch wie immer. Ich sagte, meine kleine Bilette. Sie lächelte mich an, der Arzt hat dir ein Beruhigungsmittel gespritzt, Rouli (unter uns nennen wir uns Bilette und Rouli). Yorgos machte das Fenster auf. Man hörte Kindergeschrei und Zirkusmusik. Sofort kamen, was weiß ich warum, verschüttete Bilder in mir hoch, die leere Zirkusarena des Badeortes, wo wir hinfuhren, als ich klein war, der Leierkasten, der graue Himmel. Wir waren auf dem Campingplatz. Ich wartete unter dem Vordach der Trinkhalle auf das Ende des Tages und sah den Tieren zu, die im Kreis liefen. Da befiel mich heftige Traurigkeit. Ich dachte, holla, was hat mir denn dieser irre Doktor gegeben?

– Ich geh dann mal, sagte Yorgos. Du musst heute im Bett bleiben. Morgen kannst du spazieren gehen. Das wird dir guttun, ein bisschen Natur, eine Nase voll Seeluft. Yorgos hab ich in einem Bistro Ecke Batignolles kennengelernt. Wir waren zwanzig. Wenn das Darcey zumachte, um zwei Uhr früh, dann zogen wir ins Pont Cardinet weiter. So haben wir ein ganzes Leben weitergemacht, als gäbe es kein Morgen. Vom Klub ins Bett und vom Bett in den Klub. Wir spielten alles, Poker, Backgammon, und in den Hinterzimmern wurden die anderen von uns ausgenommen wie die Mastgänse. Beim Bridge hatten wir Spaß, wir absolvierten die ersten großen internationalen Meisterschaften zusammen. Er war der letzte, der mir Natur und Spazierengehen hätte empfehlen können. Warum nicht gleich das Grab auf Rezept? Ich sagte, was ist passiert? Ist es ernst? – Weißt du es nicht mehr, Rouli?, sagte Hélène. – Nicht so ganz, antwortete ich. Yorgos meinte, viel Glück, meine Große. Er umarmte Hélène und ging. Hélène brachte mir ein Glas Wasser. Sie sagte, du hast dich am Ende einer Hand aufgeregt. – Warum sind wir nicht beim Turnier? – Die haben uns rausgeschmissen. Ich weiß nicht, was mit dieser Zirkusmusik los ist, diesem Leierkastengedudel, dass sie einen so übel runterzieht. Ich sagte, mach das Fenster zu, Bilette, und die Vorhänge auch, ich schlaf noch ein bisschen. Am nächsten Tag um die Mittagszeit wachte ich dann richtig auf, als Hélène gerade mit lauter Päckchen und einem neuen rosa Strohhut aus der Stadt kam. Sie fand, ich sehe richtig gut aus. Und sie wirkte ganz aufgekratzt von ihren Einkäufen, sie sagte, wie findest du den, nicht zu groß? Es gab auch welche mit einfarbigen Bändern.

Ich kann ihn umtauschen lassen, wir müssen sowieso noch mal hin und dir auch einen kaufen. Ich sagte, einen Strohhut wie die alten Männer, was denn noch alles? Hélène sagte, die Sonne knallt, willst du dir zu allem noch einen Sonnenstich holen? Eine Stunde später saß ich mit neuer Brille und einem Flechthut draußen vor einem Café in der Altstadt. Hélène hatte einen Touristenführer gekauft und kam auf jeder Seite mehr in Fahrt. Währenddessen kreuzte ich diskret in meiner Rennzeitschrift *Paris Turf* die Pferde an, die mir gefielen (kaufen durfte ich das Blatt, aber nicht drin lesen). Und dann brachte sie die Affäre plötzlich wieder aufs Tapet. Sie sagte, ich fand es nicht so toll, dass du mich vor allen Leuten eine Idiotin genannt hast. – Ich hab dich eine Idiotin genannt, meine Bilette? – Vor allen Leuten, ja. Sie zog eine kindische Schmollschnute. Das ist aber wirklich nicht nett, sagte ich. – Und der weiße Stock, das war wirklich widerlich von dir, man kann doch nicht zu seiner Frau sagen, jetzt hol mal deinen weißen Stock raus, du dumme Kuh, vor fünfhundert Personen. – Vor fünfhundert Leuten, jetzt übertreibst du aber. – Alle wissen Bescheid, alle. – Ich hab da wirklich neben mir gestanden, Bilette, das hast du doch gesehen. – Trotzdem beunruhigend, dass du diese Karte gegessen hast. Ich zuckte die Achseln und zog den Kopf ein, wie ein Mann, der sich schämt. Es war heiß. Vor uns liefen die Leute in ihrer locker sitzenden Kleidung und mit Segeltuchtaschen, Kinder aßen Eis, die Arme der Frauen waren voller Armbänder. Ich wusste nicht, was ich Hélène antworten sollte. Ich betrachtete die bunte, triste Welt, die an uns vorbeizog. Hélène sagte, sollen wir das Fort Carré besuchen? Oder das Archäologische Museum? – Ist gut. – Welches denn?, meinte Hélène. – Was dir lieber ist. – Dann vielleicht das Archäologische. Da sind Kunstgegenstände drin, die sie in griechischen und phönizischen Schiffen gefunden haben. Vasen, Schmuck. – Großartig. In irgendeiner Straße in der Nähe war mir ein Bistro aufgefallen, wo die Rennen live übertragen wurden. Ich sagte, Bilette, wie wär's, wir gehen für ein Stündchen getrennte Wege? Hélène sagte, wenn du in diese Bar gehst, fahre ich auf der Stelle nach Paris zurück. Sie nahm mir die *Paris Turf* weg, die ich zusammengerollt in der Tasche stecken hatte, und wedelte mir damit vor der Nase herum. – Was hat man denn davon, verheiratet zu sein, wenn man nie was zusammen macht? Was? – Die Phönizier langweilen mich, Bilette. – Wenn die Phönizier dich langweilen, dann hättest du uns halt nicht das Turnier versauen sollen. – Das war doch nicht ich, der uns das Turnier versaut hat. – Nein, nicht du? Nicht du warst das, der ausgerastet ist, der mich beleidigt und der über den Tisch gereihert hat? – Doch, das war ich. Aber nicht ohne Grund. Wir waren auf die Straße geraten, und ein Auto hupte uns heftig an. Hélène schlug mehrmals mit der Zeitschrift auf die Motorhaube. Der Typ beschimpfte sie aus dem Fenster, sie brüllte, halt's Maul! Ich wollte sie am Arm nehmen, um sie wieder auf den Gehweg zu ziehen, aber sie wehrte sich. – Du hast die Karo-Zwei ausgespielt, Raoul, da dachte ich, du hättest eine Karo-Figur. – Hätte ich gewollt, dass du Karo zurückspielst, hätte ich die Treff-Zwei gelegt. – Woher soll ich wissen, dass du den Treff-König hast? – Das weißt du nicht, aber wenn du siehst, dass ich die Neun lege, musst du annehmen, dass das eine Zumarke ist. Wie heißt

86

das, Hélène, wenn dein Partner eine Neun legt? Eine Zumar-ke. – Das habe ich falsch gedeutet. – Das hast du nicht falsch gedeutet, du achtest nicht auf die Karten, seit Jahren achtest du nicht auf die Karten. – Woher weißt du das, du spielst ja nie mehr mit mir! – Ja, mit gutem Grund! Eine kleine Gruppe hatte sich rings um uns gebildet. Hélènes rosa Strohhut war zu groß (da hatte sie recht), und ich kam mir mit meinem Hut ein bisschen lächerlich vor. Hélène hatte Tränen in den Augen, und ihre Nase rötete sich. Ich bemerkte, dass sie sich offensichtlich eine Art provenzalisches Ohrgehänge gekauft hatte. Plötzlich überkam mich Zärtlichkeit für diese kleine Frau meines Lebens, und ich sagte, verzeih, meine süße Bilette, ich rege mich auf wegen nichts und wieder nichts, komm, wir gehen in dein Museum, ein paar Amphoren und all so was, das wird mir guttun. Während ich sie fortzog (und den Gaffern kurz zuwinkte), sagte Hélène, aber wenn dich die alten Steine langweilen, Rouli, dann gehen wir woandershin. Nein, die langweilen mich gar nicht, sagte ich, und schau her, was ich mache. Mit feierlicher Geste nahm ich ihr *Paris Turf* aus der Hand und warf die Zeitschrift in einen Abfalleimer. Während wir Arm in Arm durch die engen Gässchen liefen, sagte ich, und danach machen wir einen Abstecher ins Kasino. Die machen um sechzehn Uhr auf. Wenn du keine Lust hast, mir beim Black Jack zuzusehen, spielst du eben Roulette, Bilette.

Virginie Déruelle

Schon im Treppenhaus hörte ich Edith Piaf heulen. Ich weiß nicht, wie die anderen Alten diese Lautstärke ertragen. Diese Jammerstimmen und diese kehlig gerollten Rs mag ich überhaupt nicht. Das finde ich aggressiv. Meine Großtante ist in einem Altenheim. Ich sollte besser sagen, in einem Altenzimmer, denn sie verlässt es fast nicht mehr, und ich an ihrer Stelle würde es genauso machen. Sie macht Häkel-Patchwork. Bettüberwürfe, Kissenhüllen oder viereckige Lappen, die zu nichts nütze sind. Zu rein gar nichts, denn die Kreationen meiner Großtante sind fürchterliche, altmodische Staubfänger. Man nimmt sie, tut so, als freute man sich, und steckt sie zu Hause sofort ganz nach hinten in den Schrank. Aus Aberglauben traut sich keiner, sie wegzuwerfen, aber man kann sie auch niemandem schenken. Vor kurzem hat sie einen CD-Player installiert bekommen, der leicht zu bedienen ist. Sie liebt Tino Rossi. Aber sie hört auch Edith Piaf und manche Lieder von Yves Montand. Als ich ihr Zimmer betrat, versuchte meine Großtante gerade, einen Kaktus zu gießen, wobei sie das Tischchen überschwemmte, alles begleitet von der Piaf, die blökte: »Ich gehe bis ans End der Welt / und färb mich blond, wenn's dir gefällt / du musst es mir bloß sagen …« Sofort drehte ich leiser und sagte, Marie-

Paule, der Kaktus braucht nicht viel Wasser. Der da wohl, sagte meine Großtante, der liebt Wasser, hast du gerade die *Hymne auf die Liebe* abgestellt? – Ich hab es nicht abgestellt, nur leiser gemacht. – Wie geht es dir, Liebes? Oh la la, dass du mir bloß mit diesen Schuhen nicht auf die Nase fällst, die sind aber hoch! – Nein, du wirst nur kleiner, Marie-Paule. – Na, ein Glück werd ich kleiner, du siehst ja, wo ich wohne! »Ich leugne auch mein Vaterland / und meine Freunde, aus dem Stand / du musst es mir nur sagen ...« Ich stelle die Musik ab. Ich sage, die nervt mich. – Wer?, sagt meine Großtante, Cora Vaucaire? – Das ist nicht Cora Vaucaire, Marie-Paule, das ist Edith Piaf. – Ach woher, das ist Cora Vaucaire. Die *Hymne auf die Liebe* ist von Cora Vaucaire, ich bin ja wohl noch richtig im Kopf, sagt meine Großtante. – Bitte, wenn du willst. Aber was mich nervt, ist das Lied, ich kann Liebeslieder nicht leiden, sage ich. Je bekannter, je dümmer. Wenn ich Königin der Welt wäre, würde ich sie verbieten. Meine Großtante zuckt die Achseln. – Wie soll man wissen, was euch gefällt, der Jugend von heute. Möchtest du einen Orangensaft, Virginie? Sie zeigt auf eine angebrochene Flasche, die tausend Jahre alt sein muss. Ich lehne dankend ab und sage, die Jugend von heute steht auf Liebeslieder. Alle Sänger bringen welche, ich bin die einzige, die das nervt. – Sobald du einen Jungen findest, der dir gefällt, wirst du deine Meinung ändern, sagt meine Großtante. Dreißig Sekunden, und sie hat's wieder geschafft, mich zu ärgern. Genauso schnell wie meine Mutter. Das muss ein Wesenszug der Frauen in meiner Familie sein. Auf ihrem Nachttisch steht ein gerahmtes Foto von ihrem Mann mit Pfeife. Einmal zeigte sie mir die Kommodenschublade, die komplett ihm gewidmet ist. Sie hat alle seine Briefe aufgehoben, seine Nachrichten, seine kleinen Geschenke. Ich kann mich nicht genau an meinen Großonkel erinnern, ich war zu klein, als er starb. Ich setze mich hin. Ich lasse mich in den großen weichen Sessel fallen, der zuviel Platz einnimmt. Traurig, dieses Zimmer. Zuviel Zeug, zu viele Möbel. Aus meiner Tasche hole ich die Baumwollknäuel, die sie bestellt hat. Sofort räumt sie sie in einen Korb am Fußende des Betts. Dann setzt sie sich in den anderen Sessel und sagt, gut, dann erzähl mal ein bisschen. Wenn sie gerade richtig im Kopf ist, verstehe ich nicht, was sie allein in diesem Straflager zu suchen hat, fern von allem. Manchmal beim Telefonieren kommt es mir so vor, als hätte sie gerade geweint. Aber seit der Explosion des Reistellers weiß ich, dass meine Großtante immer weniger richtig im Kopf ist, wie sie es nennt. Beim letzten Mal, als meine Eltern und ich bei ihr zu Hause waren, hatte meine Großtante zwei Stunden vor dem Abendessen eine große Glasschüssel voll gekochten Reis vom Vorabend auf eine heiße Herdplatte gestellt. Die konnte heizen, wie sie wollte, an der Oberfläche blieb der Reis kalt. Meine Großtante ging hin, um ihn mit einem Pfannenspatel zu wenden, mit anderen Worten, sie verteilte ihn auf der Arbeitsplatte. Unmöglich, ihr einen Rat zu geben, man durfte ja nicht mal ins Zimmer kommen. Irgendwann ertappten wir sie durch den Türspalt dabei, wie sie die Unterarme im Reis versenkt hatte und ihn durchmengte, als wollte sie einen räudigen Hund shampoonieren. Um zwanzig Uhr explodierte die Schüssel und sprenkelte die Küche mit Reiskörnern und Glassplittern. Dieser Vorfall führte letztlich dazu, dass meine Eltern beschlossen, sie in ein Heim zu bringen. – Fandest du das gut, sage ich, dass Raymond Pfeife rauchte? – Ach, hat er Pfeife geraucht? – Auf dem Foto tut er das. – Ah, ab und zu hatte er so Allüren. Und ich konnte ja auch nicht alles kontrollieren, weißt du. Wann heiratest du denn, meine Kleine? – Ich bin fünfundzwanzig, Marie-Paule, sage ich, ich habe alle Zeit der Welt. Sie sagt, möchtest du einen Orangensaft? – Nein danke. Wart ihr euch treu?, frage ich. Sie lacht. Sie hebt die Augen gen Himmel und sagt, ein Lederwarenvertreter, stell dir mal vor, mir war das ziemlich wurscht, weißt du! Es gibt Menschen, deren Jugendgesicht man sich nach einer Zeit nicht mehr vorstellen kann. Es ist über die Jahre verblasst. Bei anderen ist es das Gegenteil, man meint, ihre Gesichter leuchten auf wie die kleiner Kinder. Das sehe ich in der Klinik mit den Schwerkranken. Und bei meiner kleinen Marie-Paule auch. – War Raymond gesprächig? Sie überlegt, dann sagt sie, nein, nicht besonders. Ein Mann braucht nicht gesprächig zu sein. – Da hast du recht, sage ich. Sie wickelt einen Wollfaden um ihre Finger, ich bin schon noch richtig im Kopf, weißt du. – Das weiß ich, dass du richtig im Kopf bist, und ich hätte auch gern deine Meinung zu einer wichtigen Frage. – Einverstanden, sagt sie. Möchtest du einen Orangensaft? Ich sage, nein danke. Also, pass auf. Du weißt noch, dass ich Sprechstundenhilfe bin? – Du bist Sprechstundenhilfe, ja, ja, ja. – Ich arbeite in einer Klinik bei zwei Krebsspezialisten. – Ja, ja, ja. – Da gibt es eine Patientin von Dr. Chemla, in deinem Alter, die kommt immer in Begleitung ihres Sohnes. – Ist der nett, sagt meine Großtante.

– Er ist sehr nett. Umso mehr, als seine Mutter eine Nerven-
säge ist. Er ist alt. Könnte sogar sein, dass er vierzig ist. Aber
ich mag Ältere gern. Mit Jungs in meinem Alter langweile
ich mich. Neulich stand ich einmal mit ihm draußen, zusammen eine rauchen. Ehrlich gesagt war er mir schon seit einiger Zeit aufgefallen. Ich beschreib ihn mal: braune Haare,
nicht sehr groß, sieht ein bisschen so aus wie der Schauspieler Joaquín Phoenix, aber nicht ganz so gut, kennst du den?
– Ein Spanier, sagt meine Großtante. – Ja … na, egal. Also,
wir rauchen da unter dem Vordach. Ich lächle ihn an. Er lächelt zurück. Wir stehen da und rauchen und lächeln uns an.
Ich versuche alles, damit meine Zigarette länger hält, aber ich
bin vor ihm fertig. Da ich auf Arbeit bin, in meinem weißen
Kittel, gibt es keinen Grund, da rumzutrödeln. Ich sage also
zu ihm, bis später, und gehe ins Untergeschoss zurück. Im
Lauf der Monate und der Arztbesuche wechsle ich ab und zu
ein Wort mit ihm. Ich organisiere die Termine, ich besorge
Adressen für Anschlussbehandlungen. Eines Tages bringt
seine Mutter mir Pralinen mit und sagt, Vincent hat sie aus-
gesucht, ein anderes Mal sehe ich ihn vor einem Fahrstuhl
stehen, der nicht kommt, und zeige ihm den Personalaufzug,
na ja, solche kleinen Dinge. An den Tagen, wenn Zawada auf
dem Plan steht (so heißen sie), freue ich mich und schminke
mich besonders sorgfältig. – Willst du ein Glas Orangensaft?,
fragt meine Großtante. – Nein danke. Er heißt Vincent Zawada. Findest du den Namen nicht schön? – O ja, sagt meine
Großtante. – Im Moment ist es traumhaft. Sie kommen jede
Woche, weil sie Bestrahlung kriegt. Montag standen wir wieder unter dem Vordach zum Rauchen, er und ich. Diesmal

kam ich später dazu. Er ist wie Raymond. Kein bisschen gesprächig. Meine Großtante nickt. Sie hört mir brav zu, die Hände übereinander im Schoß. Ab und zu schaut sie nach draußen. Direkt vor ihrem Fenster stehen zwei Pappeln, die die Gebäude gegenüber zum Teil verdecken. Und dann, sage ich, hab ich meinen Mut zusammengenommen und mich getraut, ihn zu fragen, was er beruflich macht. Verstehst du, das ist ja schon seltsam, wenn ein Mann ständig tagsüber Zeit hat. Meine Großtante sagt, ja, allerdings. Sie reißt ihre nachtblauen Augen auf. Sie kann ohne Brille einen Faden in das Öhr einer kleinen Nadel fädeln. – Er macht Musik, sage ich. Er ist Pianist, und er komponiert auch. Nach einer Weile ist er fertig mit seiner Zigarette. Und dann, anstatt zu seiner Mutter in den Warteraum zurückzukehren, bleibt er da – ohne Grund, denn wir sind gar nicht mehr im Gespräch. Er wartet auf mich. Er hat eigentlich keinen Grund, noch draußen zu bleiben, findest du nicht auch? Meine Großtante schüttelt den Kopf. – Außerdem ist es kalt und fies draußen. Wir stehen da wie das erste Mal und lächeln uns an. Ich weiß nicht, was ich sagen soll. Ich werde schüchtern bei diesem Mann, dabei bin ich normalerweise doch ziemlich unerschrocken. Als ich meine Zigarette aufgeraucht habe, schiebt er die Glastür für mich auf, um mir den Vortritt zu lassen (das bestätigt, dass er auf mich gewartet hat), und sagt zu mir, nehmen wir doch Ihren Aufzug. Wir hätten ja auch jeder einen anderen Aufzug nehmen können, oder er hätte einfach nichts sagen können, oder? Nehmen wir doch Ihren Aufzug, das ist eine Art und Weise, uns zu verbinden, findest du nicht?, sage ich. Meine Großtante sagt, ja, finde ich. – In dem

Fahrstuhl, der ein Bettenaufzug, also sehr tief ist, stellt er sich neben mich, als wäre es ganz eng. Ich schwöre dir, Marie-Paule, sag ich zu meiner Großtante, ich will nicht sagen, er hätte sich an mich gedrückt, aber in Anbetracht der Größe des Fahrstuhls stand er schon sehr dicht an mir dran. Leider geht es schnell zwischen dem Erdgeschoss und minus zwo. Unten gehen wir ein paar Meter gemeinsam, dann kehrt er in den Warteraum zurück, ich ins Sekretariat. Fast nichts ist geschehen, zumindest nichts Konkretes, aber als wir uns an der Korridorkreuzung verabschiedeten, kam es mir fast so vor, als würden wir nach einer heimlichen Reise auf einem Bahnsteig auseinandergehen. Glaubst du, ich hab mich verliebt, Marie-Paule? – O ja, so wirkst du, sagt meine Großtante. – Weißt du, dass ich noch nie verliebt war? Oder höchstens für zwei Stunden. – Zwei Stunden, das ist nicht viel, sagt meine Großtante. – Und was soll ich jetzt machen? Wenn ich nur darauf warte, dass wir uns in der Klinik über den Weg laufen, kommen die Dinge nicht in Gang. In der Klinik bin ich vor lauter Patienten, Anrufen und den zu pflegenden Behandlungsakten überhaupt nicht verfügbar. – Nein, sagt meine Großtante. – Glaubst du, dass ich ihm gefalle? Ich gefalle ihm, das ist doch klar? – Oh, ganz sicher gefällst du ihm, sagt meine Großtante, er ist Spanier? Hüte dich vor Spaniern. – Er ist gar kein Spanier! – Ach so, na, umso besser. Meine Großtante steht auf und tritt ans Fenster. Die beiden Bäume schwanken im Wind. Sie wiegen sich gemeinsam, die Äste und Blätter flattern in derselben Richtung. Sie sagt, schau mal, meine Pappeln. Schau dir an, wieviel Spaß sie haben. Hast du gesehen, wo sie mich hingesteckt

94

haben? Zum Glück hab ich meine beiden Großen da. Sie machen mir mit ihren Samen einen Teppich aufs Fensterbrett, weißt du, mit diesen kleinen Raupen, das lockt die Vögel an. Willst du nicht ein Glas Orangensaft? – Nein danke, Marie-Paule. Ich muss los, sage ich. Meine Großtante steht auf und stöbert in ihrem Wollkorb herum. Sie sagt, kannst du mir ein Knäuel Diana-Noel mitbringen, grün, wie das hier? – Ja, natürlich, sage ich. Ich drücke sie. Sie ist winzig, meine Marie-Paule. Es zerreißt mir das Herz, sie allein hierzulassen. Im Treppenhaus höre ich wieder Edith Piaf. Es kommt mir vor, als würde jemand mitsingen. Ich steige wieder ein paar Stufen hoch und erkenne zu der mitreißenden Musik die dünne Stimme meiner Großtante, »Das ist doch nicht zu fassen / Du machst mir nie zuviel / Du bist der Mann, du bist der Mann / Du bist der Mann, wie ich ihn will«.

Rémi Grobe

Wer soll ich sein?, hatte ich sie gefragt. – Ein Mitarbeiter. – Ein Mitarbeiter? Ich bin doch kein Jurist. – Ein Journalist, sagte Odile. – Wie dein Mann? – Warum nicht? – Und welche Zeitung? – Was Seriöses. *Les Échos.* – Das liest da hinten kein Mensch. Als wir in Wandermines ankamen, wollte Odile, dass ich den Wagen in einer Gasse hinter dem Kirchplatz parke. Ich sagte, es regnet. – Ich will nicht mit einem BMW ankommen. – Im Gegenteil, du kommst mit derselben Karre angefahren wie der Anwalt vom Chef, das ist doch perfekt. Sie zögerte. Sie hatte sich hübsch gemacht, höhere Absätze als sonst, Dämchen-Frisur. – Du bist schick, hatte ich gesagt, du bist die Pariserin, glaubst du, die wollen sich von einer Bäuerin in Holzschuhen vertreten lassen? – Einverstanden, hatte sie gesagt. Ich glaube, das tat sie vor allem, weil es regnete. Ich parkte auf dem Platz. Mit aufgespanntem Schirm ging ich um den Wagen herum. Sie stieg aus. Klein, in ihren Mantel und den um den Hals geknoteten Schal gemummelt, mit steifer Handtasche und einer Aktentasche. In diesem Augenblick stieg in mir ein Gefühl auf, ein echtes, wohlgemerkt. Als ich in Wandermines im Regen aus dem Wagen stieg. Es ist viel zu selten vom Einfluss der Örtlichkeiten auf die Affekte die Rede. Manchmal steigt ohne Vorwarnung etwas Wehmütiges an die Oberfläche. Die Wesen verändern ihre Gestalt, wie im Märchen. Vor der halb im Nebel verschwundenen Kirche, den roten Backsteinbauten und der Pommesbude sah ich die große Anwältin der Asbestopfer, ein kleines unsicheres Mädchen, das lachte – ich liebe dieses Lachen -, als es die Wartenden erkannte. Umgeben von dieser Leidensgemeinschaft im Sonntagsstaat, die zum Rathaus eilte, um nicht nass zu werden, mit Odile am Arm, der ich über den rutschigen Vorplatz half, traf mich die Katastrophe der Gefühle. Diese Art Dummheit hatte ich bislang erfolgreich vermieden. Ich kenne ihren Mann, sie kennt die Frauen, die in meinem Leben kommen und gehen. Zwischen uns ging es nie um mehr als um sexuelle Zerstreuung. Ich dachte, Jungejunge, hast du da gerade einen Anfall von *fading* oder was, na, das geht vorbei. Im Rathaussaal sprach Odile vor dreihundert Personen, den Arbeitern und ihren Familien. Nach ihrem Beitrag wurde sie beklatscht. Die Präsidentin der Opfervereinigung sagte zu ihr, gerade hast du drei Autobusse für die Demo am Donnerstag vollgekriegt. Odile flüsterte mir ins Ohr, eigentlich bin ich wie gemacht für die Politik. Ihr Gesicht war stark gerötet, beinahe hätte ich geantwortet, dass die Politik mehr Kaltblütigkeit erfordert, aber ich sagte nichts. Wir wechselten vom Versammlungssaal in einen anderen Saal, wo das Staatsbankett stattfand. Um drei Uhr nachmittags waren wir immer noch beim Aperitif-Sekt. Eine pummelige Frau um die sechzig im Plisseerock dirigierte den Service. Die Musikanlage musste in den Neunzigern der letzte Schrei gewesen sein. Ich lernte einen ehemaligen Metallgießer kennen, einen Typen mit Rippenfellkrebs. Er erzählte mir sein Leben, von den zersägten Wellblechen, den gegossenen Rohren, die ohne Schutz mit Sandpapier abgeschmirgelt wurden. Das Asbestzimmer, der Staub. Er sagte zu mir, wir bekamen den Asbest in Fässern geliefert und spielten damit, als wäre es Schnee. Odile tanzte mit ein paar Witwen Madison (sie nannte das Madison, ich kenne mich beim Tanzen nicht aus) und eine Art Tango mit Männern, die Sauerstoffflaschen umgeschnallt hatten. Eine Frau rief ihr zu, Odile, deine Haare sehen aus wie eine Harke, lass dir lieber mal eine Dauerwelle machen! Ich dachte, da haben wir das wahre Leben, Tische auf Böcken, Brüderlichkeit, Staub, Odile Toscano, die in einem Festsaal tanzt. Ich dachte, das hättest du aus deinem Leben machen sollen, Rémi, Bürgermeister von Wandermines im Nord-Pas-de-Calais werden, Kirche, Fabrik, Friedhof. Dann wurde in großen Schmortöpfen Coq au Vin hereingetragen. Mein Kumpel sagte, auf dem Friedhof lägen mehr Tote aus der jüngeren Vergangenheit, als die Gemeinde Einwohner habe. Er sagte, wir kämpfen. Ich dachte, was für ein starkes Wort. Er sagte, als mein Bruder starb, ließ ich *Die Zeit der Kirschen* singen. Mein Kopf stand kurz vorm Platzen. Und am Ende des Tages setzte ich mich ans Steuer, um nach Douai zu flitzen, aber ich war genauso voll wie Odile. Im Zimmer kippte Odile gleich aufs Bett. Sie sagte, ich bin ein Wrack, Rémi, in dem Zustand kann ich die Kinder nicht anrufen, hast du ein Aspirin? – Ich hab was Besseres. Und ich nahm ein Cognacfläschchen aus der Minibar. Ich war genauso ein Wrack, und die Verwirrung hielt an. Wie sie sich da ausstreckte, ein Kissen unter ihren Kopf knüllte, sich den Schluck Cognac reinkippte. Ihr

Lachen, ihr müdes Gesicht. Ich dachte, sie gehört mir. Meine kleine Frau Rechtsanwältin Toscano. Ich legte mich auf sie, küsste sie, zog sie aus, wir liebten uns trotz Kater, und es war genau die richtige Dosis Schmerz. Gegen zehn Uhr abends bekamen wir Hunger. Das Hotel nannte uns ein Restaurant, das noch offen war. Wir irrten durch Douai, bis wir es gefunden hatten. Wir liefen an einem Fluss entlang, Odile sagte, das sei die Scarpe, ich weiß nicht, warum ich diesen Namen behalten habe, sie erzählte mir noch mehr über die Gebäude und zeigte mir den Justizpalast. Wir gingen durch Wind und Nieselregen, aber mir gefiel die undurchdringliche Stimmung, die Stille, sogar die komischen Laternen, ich war bereit, mich dort niederzulassen. Odile marschierte tapfer mit ihrer von der Kälte angeschwollenen Nase weiter. Ich hatte Lust, den Arm um sie zu legen, sie an mich zu drücken, aber ich blieb brav. Diese Art Dummheit hatten wir bislang erfolgreich vermieden. Im Restaurant bestellten wir Gemüsesuppe und Beinschinken. Odile wollte einen Tee, ich ein Bier. Sie sagte, du solltest keinen Alkohol mehr trinken. Ich sagte, das ist lieb, wie du dich um mich kümmerst. Sie lächelte. Ich sagte, diese Leute haben mich beeindruckt. Ich führe das Leben eines Idioten. Ich komme nur mit Dünnschiss-Idioten zusammen. – Tja, sagte sie, nicht jeder hat das Glück, in einem Erzbecken auf die Welt zu kommen. – Du beeindruckst mich auch. – Ah, endlich!, sagte Odile und machte eine auffordernde Bewegung, bitte genauer. – Du bist engagiert, solidarisch, stark. Du bist schön. – Rémi? Hallo? Geht's noch? – Nein, glaub mir, du kämpfst mit ihnen, für sie. – Das ist mein Beruf. – Den könntest du auch anders machen.

Distanzierter. Die Arbeiter lieben dich. Odile lachte (ich sagte ja schon, ich liebe ihr Lachen). – Die Arbeiter lieben mich! Das Volk liebt mich, siehst du, ich sollte wirklich in die Politik gehen. Und du, mein armer Schatz, du wirst heute Nacht gut schlafen. – Du solltest nicht lachen. Ich meine es ernst. Wie du getanzt und die Teller abgeräumt hast und dann deine tröstenden Worte: du hast diesen Tag verzaubert. – Hat diese Hose nicht wie eine Wurstpelle an mir ausgesehen? – Nein. – Findest du auch, meine Frisur sieht aus wie eine Harke? – Ja. Aber sie gefällt mir besser als der kleine Helm von heute Morgen. Plötzlich fiel mir ein, morgen sind wir wieder in Paris. Morgen Abend wird Odile bei sich zu Hause in ihrer gemütlichen Blase sein, bei ihren Kindern und ihrem Gatten. Und ich weiß der Teufel wo. Normalerweise ist das auch belanglos, aber da die Dinge einen Dreh ins Unnormale bekommen hatten, dachte ich, halte dir mal lieber den Rücken frei, Alter. Also holte ich mein Handy aus der Tasche, sagte zu Odile, entschuldige kurz, und suchte die Nummer von Loula Moreno. Sie ist schön, sie ist witzig, sie ist verzweifelt. Genau, was ich jetzt brauche. Ich schrieb: »Morgen Abend schon was vor?« Odile pustete auf ihre Suppe. Ich spürte, wie mich eine Art Panik überfiel. Eine Angst, verlassen zu werden. Als Kind ließen mich meine Eltern oft bei anderen Leuten. Ich blieb dann unbeweglich im Dunkeln sitzen, immer kleiner und kleiner. Das Handy leuchtete auf, und ich las: »Morgen Abend noch nichts vor, mein Engel, aber du musst nach Klosterneuburg kommen.« Da fiel mir ein, dass Loula gerade einen Film in Österreich drehte. Wen gab es noch? – Alles in Ordnung?, fragte Odile. – Bestens,

sagte ich. – Du wirkst verstimmt. – Ein Kunde, der einen
Termin verschieben will, nichts Besonderes. Und dann setzte ich eine gleichgültige Miene auf und ließ ein Was-machst-
du-morgen-Abend fallen. – Wir feiern den Siebzigsten meiner Mutter, sagte Odile. – Bei euch? – Nein, bei meinen
Eltern in Boulogne. Es tut ihr gut, Gäste zu haben. Einzu-
kaufen, für alle Leute zu kochen. Ich möchte nicht, dass sich
meine Eltern im Trübsinn vergraben. – Unternehmen sie
nichts? – Mein Vater war Generalinspekteur für Finanzen, er
hat zu Raymond Barres persönlichem Mitarbeiterstab gehört, als der Premier war, dann hat er die Wurmster-Bank
geleitet. Ernest Blot, sagt dir das was? – Vage. – Er musste
wegen Herzproblemen eine Pause einlegen. Jetzt ist er Auf-
sichtsratsvorsitzender, aber ehrenamtlich. Er macht ein bisschen Vereinsarbeit, tritt auf der Stelle. Meine Mutter: nichts.
Sie fühlt sich allein. Mein Vater ist widerlich. Sie hätten sich
längst trennen sollen. Odile trank ihren Tee aus, fischte die
Zitronenscheibe vom Grund der Tasse und entfernte den
Streifen Schale. Gefühlsverwirrung führt unter anderem
dazu, dass nichts mehr glattgeht. Alles wird zum Zeichen,
alles will dechiffriert werden. Ich war so wahnsinnig, mir ein-
zubilden, ihre letzten Worte enthielten eine Botschaft, und
fragte, habt ihr schon mal daran gedacht, euch zu trennen,
dein Mann und du? Sofort danach hielt ich ihr beide Hände
vors Gesicht und sagte, nein, egal, vergiss das, es ist mir völlig egal. Als ich die Hände wieder wegnahm, sagte Odile, er
denkt bestimmt jeden Tag daran, ich bin schrecklich. – Klar,
ganz sicher, sagte ich. – Robert ist auch schrecklich, aber er
schafft es immer wieder, dass ich dabeibleibe, sagte sie und

schluckte die Zitrone runter. Es gefiel mir nicht, dass sie dasselbe nichtssagende Adjektiv für sie beide gebraucht hatte, es gefiel mir nicht, dass sie Robert sagte, dass der Name Robert in das Gespräch einbrach. Es ärgerte mich, dass sie mir einen Einblick in ihr Leben gab, das mir egal ist in seiner Belanglosigkeit. Es ist eine Dummheit zu glauben, Gefühle brächten einen näher, im Gegenteil, sie bekräftigen die Distanz zwischen den Menschen. Den Tag über hatte Odile mit all ihrem Temperament, im Regen, auf dem Podium mit ihrem Mikro, im Auto, im Zimmer mit den vorgezogenen Vorhängen, stets erreichbar gewirkt, auf Gesichtsnähe, auf Streichelnähe. Aber in diesem trüben, fast leeren Restaurant, wo ich unwillkürlich anfing, noch ihre kleinsten Bewegungen und den Tonfall jedes Wortes mit fiebriger Aufmerksamkeit zu beobachten, entzog sie sich, verschwand sie in einer Welt, an der ich keinen Anteil habe. Ich sagte, wenn ich hier leben müsste, würde ich mir nach zwei Tagen die Kugel geben. Odile lachte (und das Lachen kam mir ätzend und abgeschmackt vor). – Vor zehn Minuten hast du das Gegenteil behauptet. Du warst begeistert von Douai. – Ich habe meine Meinung geändert. Ich würde mir die Kugel geben. Sie zuckte die Achseln. Dann tunkte sie ein Stück Brot in die Reste der sämigen Suppe. Mir kam es vor, als würde sie sich fast langweilen. Es ging mir ja selber fast so, mich packte der Trübsinn der Liebhaber, wenn sich außerhalb vom Bett nichts mehr tut. Ich wusste nicht, was ich sagen sollte. Ich hörte den Regen, der zurückkehrte und ans Fenster prasselte. Odile schaute betroffen drein und sagte, wir haben den Schirm nicht mitgenommen! Ich dachte an den Metallgießer, der mit seinen belegten Zähnen lachte, an die Organisatorin mit dem unvorteilhaften Plisseerock und, Gott weiß warum, an meinen Vater, der Karosseriebauer an der Porte de Pantin gewesen war und auf den Schlosser schimpfte, weil es durchs Glasdach regnete. Kurz war ich versucht, Odile davon zu erzählen, aber die Anwandlung dauerte nur eine halbe Sekunde. Ich sah meine Kontaktliste auf dem Handy durch und stieß auf Yorgos Katos. Und dachte, na gut, dann verlierst du eben dein letztes Hemd beim Poker, Jungchen. Ich schrieb: »Morgen Abend ein Hohlkopf am Tisch gefällig? Hab paar Tausender zu verbrennen.« – Wem schreibst du da?, sagte Odile. – Yorgos Katos. Hab ich dir noch nie von Yorgos erzählt? – Nein. – Ein Kumpel, der vom Kartenspielen lebt. Einmal, vor Jahren, hat er bei einem Bridge-Turnier mit Omar Sharif gespielt. Er merkte, dass sich hinter seinem Rücken eine Horde Mädchen versammelte. Er sagte sich, die wissen genau, dass ich viel besser spiele als er. Keine Sekunde dachte er daran, dass sie vielleicht Omar Sharif von vorn sehen wollten. Odile sagte, sie sei damals in den Wüstenprinzen in *Lawrence von Arabien* verliebt gewesen. Für sie trug Omar Sharif einen Turban und saß auf einem stolzen Rappen, nicht an einen Bridgetisch gezwängt. Ich gab ihr vollkommen recht. Ich fühlte mich wieder leicht. Alles war wieder an seinem Platz.

Chantal Audouin

Ein Mann ist ein Mann. Es gibt keinen verheirateten, keinen verbotenen Mann. Das existiert alles nicht (das habe ich auch Dr. Lorrain erklärt, als ich eingewiesen wurde). Wenn man jemanden kennenlernt, interessiert man sich doch nicht für seinen Personenstand. Oder für seine Gefühlslage. Gefühle sind veränderlich und vergänglich. Wie alles auf der Welt. Tiere sterben. Pflanzen. Von einem Jahr zum nächsten sind Wasserläufe nicht mehr dieselben. Nichts währt. Die Leute möchten gern an das Gegenteil glauben. Sie verbringen ihr Leben damit, die Bruchstücke zusammenzukleben, und nennen das dann Ehe, Treue oder was weiß ich. Ich belaste mich nicht mehr mit solchen Dummheiten. Ich versuche mein Glück bei dem, der mir gefällt. Ich hab keine Angst, auf die Schnauze zu fallen. Ich hab eh nichts zu verlieren. Ich werde nicht immer schön sein. Der Spiegel ist jetzt schon immer weniger schmeichelhaft. Eines Tages rief mich die Frau von Jacques Ecoupaud an, dem Minister, mit dem ich eine Affäre habe, sie wolle sich mit mir treffen. Ich war sprachlos. Sie hatte wohl in seinen Sachen herumgeschnüffelt und war dann auf einen Mailwechsel zwischen Jacques und mir gestoßen. Am Ende des Gesprächs, vorm Auflegen, sagte sie: »Ich hoffe, Sie sagen ihm nichts davon. Es wäre mir lieb, wenn das strikt unter uns bliebe.« Ich rief Jacques sofort an und sagte, ich treffe mich Mittwoch mit deiner Frau. Jacques schien bereits informiert zu sein. Er seufzte. Das Seufzen des Feiglings, das bedeutet, wenn es denn unbedingt sein muss. Paare widern mich an. Ihre Heuchelei. Ihre Selbstgefälligkeit. Bis heute konnte ich nichts gegen die Anziehungskraft tun, die Jacques Ecoupaud auf mich ausübt. Ein Verführer dieser Art Damen. Mein Gegenstück in männlich. Nur dass er Staatssekretär ist (er hat immer behauptet, Minister). Mit allem Drum und Dran. Wagen mit getönten Scheiben, Chauffeur und Bodyguard. Immer ein Tisch im Restaurant. Ich habe bei weniger als null angefangen. Ich habe nicht mal Abitur. Ich habe den Berg ohne jegliche Hilfe erklommen. Heute mache ich die Deko bei Events. Ich habe mir einen kleinen Namen gemacht, arbeite beim Film, in der Politik. Einmal sollte ich einen Saal im Ministerium in Bercy gestalten, für ein nationales Seminar über die Leistungsfähigkeit der französischen Selbständigen (ich erinnere mich noch an den Titel; wir hatten Fähnchen aus den Blumengestecken geklaut). Und da habe ich Jacques kennengelernt. Der Staatssekretär für Tourismus und Handwerk. Eine jämmerliche Bezeichnung, wenn man genau hinschaut. Die Sorte stämmiger, halsloser Mann, der irgendwo reinkommt und erst mal den ganzen Raum abscannt, um sicherzugehen, dass er auch alle Blicke eingefangen hat. Der Saal war gestopft voll mit Provinzunternehmern, die wie die großen Herrschaften nach Paris gekommen waren, mit ihren aufgetakelten Frauen. Während der Veranstaltung hielt der Vizepräsident einer Handwerkskammer eine Rede. Jacques Ecoupaud kam auf mich zu, ich stand im Hintergrund an einem der Fenster, und sagte zu mir, sehen Sie den Typen, der da gerade gesprochen hat? Ich darauf, ja. – Haben Sie seine Fliege gesehen? – Ja. – Ein bisschen unförmig, oder? – Ja, stimmt, sagte ich. – Tja, ist aus Holz, sagte Jacques Ecoupaud. – Aus Holz? – Der Bursche ist Handwerker, Zimmermann. Er hat eine Fliege aus Holz geschnitzt, die er mit Pliz zum Glänzen bringt, sagte Jacques. Pliz-Sprühwachs. Ich musste lachen, und Jacques lachte auch, sein halb verführerisches, halb wahlkämpferisches Lachen. – Und der mit seinem Aktenköfferchen aus Samt, à la James Bond? Wissen Sie, wie der heißt? Frank Ravioli. Der verkauft Kroketten für Hunde. Am Abend darauf parkte Jacques seinen Citroën C5 unten vor meinem Haus, und wir verbrachten den ersten Teil der Nacht miteinander. Normalerweise läuft es bei mir und den Männern so, dass ich bestimme, wo es langgeht. Ich heize sie an, ich wickle sie ein, und ich verdrücke mich am frühen Morgen. Manchmal lasse ich mich vom Spiel mitreißen. Und hänge ein paar Gefühle dran. Es dauert so lange, wie es dauert. So lange, wie ich mich nicht langweile. Jacques Ecoupaud hat mir den Boden unter den Füßen weggezogen. Bis heute begreife ich nicht, was mich dermaßen abhängig von diesem Mann gemacht hat. Ein halsloser Typ, er geht mir gerade mal bis zur Schulter. Ein x-beliebiger Phrasendrescher. Er war von Anfang an als großer Freigeist aufgetreten. Nach dem Motto, dir werd ich's zeigen, Kleine. Er hat mich immer Kleine genannt. Ich bin sechsundfünfzig, eins sechsundsiebzig groß und habe die Oberweite von Anita Ekberg, es hat mich berührt, dass einer mich Kleine nennt. Wie albern. Großer

Freigeist, von wegen. Ich weiß immer noch nicht, was das eigentlich heißen soll. Ich war bereit dazu, neue Erfahrungen
zu machen. Eines Abends kam er mit einer Frau zu mir. Einer
Brünetten um die vierzig, die im sozialen Wohnungsbau ar-
beitet. Sie hieß Corinne. Ich servierte einen Aperitif. Jacques
zog sein Jackett und seine Krawatte aus und fläzte sich aufs
Sofa. Die Frau und ich saßen auf den Sesseln und unterhiel-
ten uns über das Wetter und das Viertel. Jacques sagte, macht
es euch bequem, meine Süßen. Wir zogen ein bisschen was
aus, aber nicht alles. Corinne wirkte vertraut mit derlei Situationen. Die Frau ohne Gefühle, die tut, was man ihr sagt. Sie
zog ihren BH aus und hängte ihn an eine Topfchrysantheme.
Jacques musste lachen. Wir hatten beide dieselbe Sorte Reiz-
wäsche an, die angeblich Tote zum Leben erweckt. Irgendwann breitete Jacques symmetrisch die Arme aus und sagte,
kommt! Wir kamen, jede auf eine Seite, und er schloss die
Arme um uns. So verharrten wir eine Weile, albern kichernd,
befühlten seinen dicken behaarten Bauch, spielten an seinem Reißverschluss herum, und dann sagte er plötzlich, also,
jetzt mal ran, Mädels! Für den Satz schäme ich mich bis
heute. Ich schäme mich für unsere Lage, für das krude Licht,
für das völlige Fehlen jeglicher Phantasie und Selbstbeherrschung bei Jacques. Ich hatte den Marquis de Sade erwartet
und bekam einen hingelümmelten Typen, der sagte *Also, jetzt
mal ran, Mädels!* Aber damals war mein Motto immer
Schwamm drüber. Wenn die Männer uns nur eine einzige
gute Eigenschaft zubilligen wollten, wäre es diese. Wir rehabi-
litieren sie. Wir werten sie auf, so gut es geht. Wir wollen nicht
wissen, dass der Fahrer früher mal Zöllner war, dass der Body-

guard ein Bauer vom Départements-Geheimdienst im Cantal ist. Dass der Citroën C5 der beschissenste Dienstwagen überhaupt ist. Dass der große Freigeist gekommen ist, um es dir zu zeigen, und noch nicht mal eine Flasche Champagner mitgebracht hat. Thérèse Ecoupaud – so heißt Jacques' Frau – schlug für unser Treffen ein Café an der Trinité vor. Sie sagte, ich werde eine beige Jacke tragen und *Le Monde* lesen. Zum Brüllen, die Masche. Ich legte meine Maniküre und das Haarenachfärben auf den Vortag. Die Friseurin machte mir ein goldeneres Blond als sonst. Ich suchte eine Stunde lang meine Kleidung aus. Einen roten Rock mit einem grünen Rundkragenpulli. Pumps von Gigi Dool. Und um meinen Auftritt zu vervollkommnen, einen kleinen kittfarbenen Trenchcoat im englischen Stil. Sie war schon da. Ich erkannte sie gleich. Von der Straße aus, hinter der Scheibe. Mein Alter, sah aber zehn Jahre älter aus. Hektisch geschminkt. Kurze, schlecht geschnittene Haare, man sah den herausgewachsenen Ansatz. Blauer Schal auf einer schlabberigen beigen Jacke. Ich dachte sofort, es ist aus. Jacques Ecoupaud, es ist aus. Fast wäre ich nicht mal in das Café reingegangen. Der Anblick dieser vernachlässigten Gattin war tödlicher als all die Enttäuschungen, all das Warten, die nicht gehaltenen Versprechen, die für niemanden hingestellten Teller und Kerzen. Sie saß fast auf der Terrasse, kein bisschen abseits, die Brille auf der Nasenspitze, in ihre Zeitung vertieft. Eine Lateinlehrerin, die auf ihre Schülerin wartet. Thérèse Ecoupaud hatte keinerlei Aufwand dafür betrieben, wie sie sich der Geliebten ihres Mannes präsentierte. Welcher Mann kann mit einer Frau zusammenleben, die so gestrickt ist?

Paare widern mich an. Ihr gemeinsames Einschrumpeln, ihre staubige Komplizenschaft. An dieser ambulanten Struktur, die voller Spott für die Einzelgänger die Zeiten überdauert, gefällt mir überhaupt nichts. Ich verachte beide Seiten, und mein einziges Ziel besteht darin, sie zu zerstören. Ich ging trotzdem rein. Ich streckte ihr die Hand hin und sagte, Chantal Audouin. Sie sagte, Thérèse Ecoupaud. Ich bestellte einen Bellini, um sie zu ärgern. Ich knöpfte meinen Mantel auf, zog ihn aber nicht aus, wie eine Frau, die nur wenig Zeit hat. Sie machte sofort deutlich, dass ihr alles völlig gleichgültig war. Kaum ein Blick. Ein gründliches Umrühren mit dem Kaffeelöffel, den sie zwischen Daumen und Zeigefinger hielt. Sie sagte, Madame, mein Mann schreibt Ihnen E-Mails. Sie antworten darauf. Er macht Ihnen Liebeserklärungen. Sie entflammen. Wenn Sie verstimmt sind, entschuldigt er sich. Er tröstet Sie. Sie verzeihen ihm. Et cetera. Das Problem dieser Korrespondenz, Madame, liegt darin, dass Sie sie für einzigartig halten. Sie haben sich ein Bild entworfen, wo auf der einen Seite Sie stehen, der sichere Hafen für den Krieger, und auf der anderen Seite die lästige Gattin und das heilige nationale Amt. Sie haben sich nie überlegt, dass vielleicht zur gleichen Zeit weitere Affären laufen könnten. Sie glauben, Sie wären die einzige, der mein Mann seine Gemütszustände anvertraut, der er beispielsweise um zwei Uhr morgens schreibt, sich selbst Jacquot titulierend (aber mit diesem Unsinn halte ich mich jetzt nicht auf), »Armer Jacquot, ganz allein in seinem Zimmer in Montauban, ihm fehlen deine Haut, deine Lippen, deine …«, Sie wissen ja, wie es weitergeht. Dasselbe für alle drei Empfängerinnen dieser

Nachricht, in jener Nacht waren Sie zu dritt. Hastiger als die anderen haben Sie liebevoll und, wie soll ich sagen, unschuldig geantwortet. Ich wollte Sie sehen, weil Sie mir ganz besonders verliebt in meinen Mann vorkamen, sagte Thérèse Ecoupaud. Ich dachte mir, Sie dürften sich freuen, darüber informiert zu werden, um nicht aus allzu großer Höhe abzustürzen, verkündete diese grässliche Frau. Zu Dr. Lorrain sagte ich, ist es nicht vollkommen normal, dass man sich nach so einem Treffen umbringen will? Am besten wäre es natürlich gewesen, den Mann umzubringen. Ich bewundere Frauen, die ihren Geliebten totschlagen, aber die Veranlagung dafür haben nicht alle. Dr. Lorrain fragte mich, wie ich Jacques Ecoupaud jetzt sähe, wo es mir schon bessergehe. Ich sagte, als armes Männlein. Er hob die Arme in seinem weißen Kittel und wiederholte, als hätte ich den Ausweg gefunden, ein armes Männlein. – Ja, Herr Doktor, ein armes Männlein. Aber die armen Männlein schaffen es immer noch, Närrinnen an der Nase herumzuführen, das sehen Sie ja. Und was habe ich davon, ihn jetzt als armes Männlein zu sehen? Dieses arme Männlein demütigt mich und tut mir in keiner Weise gut. Wer sagt Ihnen, dass das Herz angesichts der Wirklichkeit leichter wird? Igor Lorrain nickte, ein Mann, der so guckt, als würde er alles verstehen, und schrieb wer weiß welche Einschätzung in meine Patientenakte. Als ich aus seinem Sprechzimmer kam, begegnete ich, im Treppenhaus der Klinik, meinem Lieblingspatienten. Ein schlaksiger, braunhaariger junger Mann, der schöne helle Augen hat und immer lächelt. Aus Québec. Er sagte, guten Tag, Chantal. Ich sagte, guten Tag, Céline. Ich hatte mich als

Chantal vorgestellt und er sich als Céline. Ich glaube, er hält sich für die Sängerin Céline Dion. Aber vielleicht macht er auch nur einen Scherz. Er hat immer einen Schal um den Hals. Man sieht ihn durch die Korridore streifen und, wenn schönes Wetter ist, über die Gartenwege. Er bewegt die Lippen und spricht unhörbare Worte. Er sieht die Menschen nicht auf Augenhöhe an. Man meint fast, er wende sich an eine ferne Flotte, als würde er von einem hohen Felsen aus beten, um jene herbeizulocken, die aus der Ferne kommen, wie in der Mythologie.

Jean Ehrenfried

Darius setzte sich in den riesigen orthopädischen Sessel, in dem es meiner Ansicht nach kein Mensch bequem haben kann. Er saß fest an die Rückenlehne gepresst, wie ein Besiegter. Wäre jemand ins Zimmer gekommen, hätte er kaum sagen können, wer von uns, er in dieser Position oder ich im Bett, mit Verbänden und Tropf, der Bemitleidenswertere war. Ich wartete darauf, dass er sprach. Nach einer Weile sagte er, den Hals durch den Kopfstützenwulst nach vorn gedrückt: Anita hat mich verlassen. Obwohl ich lag, befand ich mich in meinem Krankenbett doch höher als er. Dass Darius diese Worte mit solch aufgelöster Miene vorbrachte, erschien mir fast komisch. Wo er überdies noch mit kaum hörbarer Stimme anfügte, sie ist mit dem Landschaftsgärtner weg. – Dem Landschaftsgärtner? – Ja. Dem Typen, der seit drei Jahren den Scheißgarten in Gassin entwirft. Und mich ruiniert er mit furchterregenden subsaharischen Pflanzen. Kennengelernt habe ich Darius, lange bevor er dort ausgestoßen wurde, im Dritten Zirkel, einem jener geschlossenen Klubs, wo linke wie rechte Oligarchen herumkungeln, geprägt von gesellschaftlichem Konformismus und der unterwürfigen Treue zur Macht des Geldes. Damals leitete er mehrere Unternehmen, darunter eines, das Beratung in Projektplanung anbot, und ein anderes, das Chipkarten herstellte, wenn mein Gedächtnis mich nicht trügt. Ich hatte gerade die internationale Abteilung von Safranz-Ulm Electric verlassen, um Vorstandsvorsitzender zu werden. Mich erfasste eine Zuneigung zu diesem fast fünfundzwanzig Jahre jüngeren Burschen, der über einen orientalischen Charme verfügte. Er hatte Anita geheiratet, die Tochter eines englischen Lords, und zwei mehr oder weniger missratene Kinder mit ihr gezeugt. Darius Ardashir war unglaublich clever. Er schlängelte sich mit entwaffnender Nonchalance in dieses Strohmannsystem der Aufsichtsräte, in die Vetternwirtschaft, wo eine Hand die andere wäscht. Niemals drängend, niemals gekränkt. Wie bei den Frauen. Schließlich hatte er Erfolg als Vermittler bei internationalen Verträgen. Er war verstrickt in Korruptionsaffären, darunter eine ziemlich heikle um den Verkauf eines Grenzüberwachungssystems an Nigeria, was ihn übrigens die Mitgliedschaft im Dritten Zirkel kostete (ich finde ja, ein Klub, der seine Gauner rausschmeißt, ist im Eimer). Einige seiner Bekannten mussten eine kleine Ehrenrunde im Knast drehen, aber er ist ohne größeren Schaden davongekommen. Ich habe ihn immer als Stehaufmännchen und als treuen Freund erlebt. Als ich diesen Scheißkrebs bekam, verhielt sich Darius wie ein Sohn. Bevor ich unser Grundsatzgespräch anging, drückte ich auf alle möglichen Knöpfe, um den oberen Teil meines Bettes aufzurichten. Darius betrachtete meine Bemühungen und die Abfolge verschiedener Irrsinnsstellungen mit erloschenem Blick und ohne sich zu rühren. Eine Schwester erschien, der ich wahrscheinlich geklingelt hatte. – Was haben Sie denn vor,

Monsieur Ehrenfried? – Mich aufsetzen. – Dr. Chemla kommt gleich vorbei. Er weiß, dass Sie kein Fieber mehr haben. – Sagen Sie ihm, ich hab die Nase voll, er soll mich morgen nach Hause gehen lassen. Sie stellte mir das Bett ein und deckte mich zu wie ein Kind. Ich fragte Darius, ob er etwas trinken wolle. Er lehnte ab, und die Schwester ging raus. Ich sagte, also. Ist dieser Landschaftsgärtner mehr als ein vorübergehender Anfall von Wahnsinn? – Sie will sich scheiden lassen. Ich ließ eine Weile verstreichen und sagte dann, du hast Anita nie große Bedeutung beigemessen. Er sah mich verblüfft an, als hätte ich etwas Irrsinniges von mir gegeben. – Sie hat das beste Leben geführt, das man sich vorstellen kann. Ich verstehe wohl, sagte ich. – Ich habe ihr alles gegeben. Sag mir etwas, das sie nicht bekommen hat. Häuser, Schmuck, Personal. Phantastische Reisen. Sie kriegt nichts, Jean, gar nichts. Mein Vermögen liegt komplett in den Unternehmen. Die Villa in Gassin, die Wohnung in der Rue de la Tour, die Möbel, die Kunstwerke, das läuft alles nicht unter meinem Namen. Die können verrecken. – Du hast sie Tag und Nacht betrogen. – Zusammenhang? – Du kannst ihr nicht verdenken, dass sie sich einen Geliebten genommen hat. – Frauen nehmen sich keinen Geliebten. Sie verlieben sich, sie phantasieren sich einen Film zusammen. Sie werden komplett verrückt. Ein Mann braucht einen sicheren Ort, um der Welt gegenübertreten zu können. Du kannst dich nicht entfalten, wenn du keinen Fixpunkt hast, kein Basislager. Anita ist mein Zuhause. Die Familie. Wenn du Lust auf frische Luft hast, heißt das doch nicht, dass du deshalb keine Lust mehr hast, nach Hause zu kommen. Ich binde mich nicht an die Frauen, die einzige, die zählt, ist die nächste. Und diese dumme Kuh schläft mit dem Landschaftsgärtner und will mit ihm durchbrennen. Ist doch völlig sinnlos. Während ich Darius zuhörte, sah ich die Infusion durch den Tropf perlen. Das Ganze kam mir seltsam unregelmäßig vor, ich war kurz davor, die Schwester zurückzurufen. Ich sagte, hättest du es denn akzeptiert, wenn sie leben würde wie du? – Soll heißen? – Wenn sie belanglose Abenteuer hätte? Er schüttelte den Kopf. Er zog ein weißes Taschentuch aus der Hose und faltete es sorgfältig auseinander, bevor er sich schneuzte. Mir kam in den Sinn, dass diese Geste nur zu diesem ganz besonderen Typus Mann passte. Er sagte, nein. Weil das nicht ihre Art ist. Dann sagte er düster: Die letzten zwei Tage war ich in London – eine wichtige Reise, die sie mir total verdorben hat –, und bei der Rückfahrt blieb der TGV ein paar Minuten irgendwo oben in Frankreich in einer Vorstadtgegend stehen. Direkt vor meinem Fenster befand sich ein kleines Einfamilienhaus, roter Backstein, rote Dachschindeln, gepflegter Holzzaun. Geranien vor den Fenstern. Und an den Wänden hingen Ampeln mit weiteren Blumen. Weißt du, was ich dachte, Jean? Ich dachte, in diesem Haus hat jemand beschlossen, dass man glücklich sein muss. Ich glaubte, er würde weitersprechen, aber er schwieg. Er blickte finster zu Boden. Ich dachte, der ist ja völlig am Ende. Dass ein Darius Ardashir Klinker und Makramee als Indizien des Glücks betrachtet, ist die Signatur des Zusammenbruchs. Ja, ganz einfach, dachte ich, und noch beunruhigender, was ihn betrifft: dass er das Glück als Ziel bezeichnen kann. Was mich betraf, ich musste dringend die Ärzteschaft alarmieren, weil durch die Schläuche unentwegt Luftblasen auf meinen Arm zutrieben. – Weißt du, wie alt Anita ist?, fragte Darius. – Sind die normal, diese Luftblasen? – Welche Luftblasen? Das sind Tropfen. Das ist das Medikament. – Meinst du? Sieh mal genauer hin. Er holte seine Brille hervor und stand auf, um sich den Tropf genauer anzuschauen. – Tropfen. – Sicher? Klopf mal auf den Beutel. – Wozu denn das? – Klopf mal. Los, klopf. Das hilft. Darius klopfte auf den Beutel mit der Lösung und setzte sich wieder hin. Ich sagte, ich sehe nichts mehr. Ich hab die Nase voll von diesem Schlauchgewirr. – Weißt du, wie alt Anita ist? – Sag schon. – Neunundvierzig. Findest du, das ist das richtige Alter für solche Selbstverwirklichungsträume, für große Leidenschaft und solchen Unsinn? Ich denke oft an Dina, weißt du, Jean. Du hattest eine Frau, die das Leben verstanden hat. Dina ist im Himmel. Ihr habt kein Paradies, ihr Juden, oder, was habt ihr eigentlich? – Nichts haben wir. – Na schön, also, bestimmt geht es ihr sehr gut. Sie hat dir deine Söhne hinterlassen, sie sind liebenswürdig, sie kümmern sich um dich, deine Tochter auch, dein Schwiegersohn, deine Enkel. Ihr ist es gelungen, ein Umfeld zu schaffen. Im Alter ist das wichtig, eine Hand zum Festhalten. Ich werde wie eine Ratte enden. Anita wird dir sagen, dass ich es verdient habe. Noch ein idiotischer Satz. Was hat das mit Verdienen zu tun? Ich habe eine prachtvolle Wohnung auf die Beine gestellt, prachtvollen Besitz, glauben die etwa, dass so was vom Himmel fällt? Warum lege ich mich wohl krumm, gehe um acht Uhr los und um Mitternacht ins Bett, begreift sie nicht, dass ich das alles für sie tue? Und die Jungs, zwei Nullen, die alles kaputt-

machen werden, begreifen die nicht, dass das alles für sie ist?
Nein. Kritisieren, kritisieren, kritisieren. Und eine Romanze
mit einem Trottel, der Frangipanis pflanzt. Mir wär's lieber
gewesen, sie wär mit einer Frau abgezogen. Ich fragte ihn,
sitzt du gut in diesem Sessel? – Sehr gut. Am Vorabend hatte
Ernest ihn knapp eine Minute lang ausprobiert und sich
dann für den Klappstuhl entschieden. Als ich Darius zuhörte, fiel mir ein Nachmittag ein, den ich mit Dina zu Hause
verbracht hatte, mit Aufräumen. Wir hatten alte handbe-
stickte Wäsche gefunden, die von ihrer Mutter kam, und ein
schönes Service aus Italien. Und uns gefragt, wozu soll das
jetzt gut sein? Dina hatte eine Tischdecke über ein Sofa ge-
breitet. Sorgfältig gebügelt, etwas vergilbt. Sie hatte die ver-
zierten Porzellantassen darauf aufgereiht. Gegenstände, die
irgendwann einen Wert haben, werden mit der Zeit zu unnö-
tigem Ballast. Ich wusste nicht, was ich Darius sagen sollte.
Jedes Paar ist ein unergründliches Rätsel. Es bleibt unbe-
greiflich, selbst wenn man ein Teil davon ist. Dr. Chemla
kam ins Zimmer. Lächelnd und nett wie immer. Ich war froh,
ihn zu sehen, denn bei mir im Arm setzte der Wundbrand
ein. Ich stellte die beiden einander vor, Darius Ardashir, ein
guter Freund, Dr. Philip Chemla, mein Retter. Und setzte sofort nach, finden Sie nicht, dass mein Arm geschwollen ist,
Dr. Chemla? Meiner Meinung nach geht die Infusion an der
Vene vorbei. Chemla tastete meine Finger und meinen Unter-
arm ab. Er sah sich mein Handgelenk an, drehte am Dosie-
rungsrad und sagte, wir machen noch den Beutel zu Ende,
dann ist Schluss. Morgen sind Sie zu Hause. Ich schaue heute Abend noch mal nach Ihnen, dann gehen wir ein Stück

den Korridor entlang. Als er draußen war, sagte Darius, was hattest du denn genau? – Eine Blaseninfektion. – Wie alt ist er denn, dein Onkel Doktor? – Sechsunddreißig. – Zu jung. – Ein Genie. – Zu jung. Ich sagte, und, was wirst du machen? Er beugte sich vor, öffnete die Arme, als wollte er das Nichts hochheben, und ließ sie wieder fallen. Ich sah, wie sein Blick über meinen Nachttisch schweifte, und er sagte, was liest du? – Raul Hilberg, *Die Vernichtung der europäischen Juden.* – Hast du nichts Besseres fürs Krankenhaus gefunden? – Das ist perfekt fürs Krankenhaus. Wenn es dir schlechtgeht, musst du traurige Bücher lesen. Darius nahm das Buch in die Hand, das sehr dick ist. Mit erloschenem Blick blätterte er darin. – Du empfiehlst es mir also. – Dringend. Immerhin lächelte er. Er legte das Buch wieder hin und sagte, sie hätte mich vorwarnen sollen. Ich kann nicht akzeptieren, dass sie mich heimlich betrogen hat. Obwohl Chemla es überprüft hatte, kam es mir so vor, als würde mein Arm anschwellen. Ich sagte, schau dir mal meine Arme an, findest du, sie sind gleich dick? Darius erhob sich halb, setzte seine Brille wieder auf, betrachtete meine Arme und sagte, exakt gleich. Dann setzte er sich wieder hin. Wir blieben kurz schweigend sitzen und lauschten den Geräuschen auf dem Korridor, die Rollwagen, die Stimmen. Dann sagte Darius, die Frauen haben die Märtyrerrolle an sich gerissen. Sie haben lautstark eine Wissenschaft daraus gemacht. Sie jammern und lassen sich bemitleiden. In Wahrheit ist der Mann der Märtyrer. Als ich das hörte, dachte ich an einen Satz meines Freundes Serge, da fing es gerade mit seinem Alzheimer an. Er wollte, ich weiß nicht mehr warum, in die Rue de l'Homme-marié. Kein

Mensch wusste, wo die lag, die Straße des verheirateten Mannes. Bis uns dann klar wurde, dass er von der Rue des Martyrs sprach. Die Anekdote erzählte ich Darius, der Serge entfernt kannte. Er fragte, wie geht es ihm denn? Ich sagte, na ja. Man darf ihm vor allem nicht widersprechen, ich gebe ihm immer recht. Darius nickte. Er fixierte einen Punkt am Boden, Richtung Tür, und sagte, eine wunderbare Krankheit.

Damien Barnèche

Mein Vater sagte zu mir, wenn dich einer fragt, was dein Vater beruflich macht, sagst du Fachberater. In Wahrheit bekam er nur ein Fachberatergehalt, weil er den Bridgepartner für einen Typen machte, der mit Marktkonzessionen handelte. Mein Großvater hat sich beim Pferderennen ruiniert, und mein Vater hatte auf eigenes Betreiben ein paar Jahre lang Hausverbot in den Kasinos. Loula lauscht mir, als würde ich unglaubliche Geschichten erzählen. Sie ist wirklich süß. Jeden Morgen setzt sie sich in meinen Wagen, also, ich meine natürlich in den Wagen, den die Filmproduktion zur Verfügung stellt, um sie abzuholen und zurückzubringen. Sie setzt sich, noch ein bisschen schläfrig, vorne neben mich. Ich bin angewiesen worden, nicht mit ihr zu sprechen, es sei denn, sie richtet das Wort an mich, ich soll ihre Erschöpfung und ihre Momente der Sammlung respektieren. Aber Loula Moreno stellt mir Fragen, sie ist an mir interessiert, sie redet nicht die ganze Zeit von sich, wie es die Schauspielerinnen normalerweise tun. Ich sage ihr, dass ich Kino mag, dass ich bei der Aufnahmeleitung mitarbeite, aber lieber Regieassistent wäre. In Wahrheit weiß ich gar nicht so genau, was ich machen möchte. Ich bin der erste Barnèche, der kein Spieler ist. Sie duzt mich, und ich antworte mit Sie, obwohl ich zweiundzwanzig bin und sie gerade mal dreißig (hat sie mir gesagt). Im Lauf der Tage erzähle ich ihr mein Leben. Loula Moreno ist neugierig und feinfühlig. Sie hat schnell bemerkt, dass ich mich für Géraldine interessiere, die Kostümassistentin, eine kleine Brünette mit hellen Augen und wilden Haaren. Mein erster Eindruck von ihr war gemischt, es ging um Musik, und ich erfuhr sofort, dass sie die Black Eyed Peas toll findet und die Sängerin Zaz. Normalerweise vergeht mir da gleich alles. Aber dass wir in Klosterneuburg sind, wir haben mit den Dreharbeiten nämlich in Österreich begonnen, hat mich vielleicht etwas duldsamer gemacht (oder weicher). Vor allem, weil wir sofort eine gemeinsame Leidenschaft entdeckten, Pim's-Kekse. Wir erinnerten uns daran, dass es, als wir klein waren, eine Sorte mit weißer Schokolade und Kirsche gab. Und wir waren uns einig, dass die Neuauflage dieser Sorte im Sortiment von Casino weniger gut war. Géraldine fragte mich, ob ich meinte, dass Pim's eines Tages auch Pim's-Karamelkekse machen würden. Ich sagte ja, allerdings unter der Voraussetzung, dass der Biskuit härter oder das Karamel sehr flüssig sein müsse, weil weich auf weich nicht geht. Géraldine sagte, aber dann wäre es ja kein Pim's mehr. Auch darin waren wir uns vollkommen einig. Sie kannte aber auch Pim's-Birne nicht, die findet man sehr selten, kaum jemand kennt sie. Ich sagte zu ihr: Das ist von Pim's das Optimum. Die Konfitüre ist ziemlich fest, im Gegensatz zu Himbeer oder Orange, aber das merkst du erst beim Reinbeißen. Dann verteilt sie sich. Die Orange gibt sich sofort hin, die Birne lässt sich Zeit. Sie verschmilzt mit dem Biskuit. Sogar die Verpackung bei dieser Sorte ist perfekt.

Die haben eine dermaßen schicke Verkaufsästhetik. Sie haben kein läppisches Grün genommen, sondern eine Art Maulwurfsgrau, verstehst du. Sie war begeistert. Am Ende sagte ich, wenn du deinen ersten Pim's-Birne isst, schau dabei auf die Packung. Sie sagte, ja, ja, natürlich! Ich habe mich in sie verliebt, weil eine Frau, die solche Dinge versteht, sehr selten ist. Loula stimmt mir zu. Ich weiß nur nicht, ob ich bei Géraldine Chancen habe. Wenn ich eine Frau wirklich attraktiv finde, bin ich nicht der Typ, der gleich mit gesenktem Kopf losstürmt. Ich brauche eine Sicherheit. In Klosterneuburg hatte ich den Eindruck, ich würde ihr gefallen. Seit wir zurück sind, verkauft sie sich an den Tonassistenten. Eine Riesenkrabbe, die dir mit dem Pfadfindergruß hallo sagt (ich bin mir nicht sicher, ob das ironisch sein soll, und wenn es ironisch ist, finde ich es noch schlimmer). Noch ein Problem ist dazugekommen, das es in Österreich nicht gab: sie trägt Ballerinas. Sogar zum Kleid. Wenn man sich an der Uni bückte, sah man einen Wald von Beinen in Ballerinas. Für mich sind Ballerinas ein Synonym von Langeweile und fehlendem Sex. Loula hat mich gebeten, ihr eine Liste davon zu machen, was mich an einer Frau alles nervt. Ich sagte, die Anzahl der aufgezählten Punkte sei eins vor unendlich. – Na los. Ich sagte, wenn die Frau eine bekloppte Frisur hat. Wenn sie alles analysiert. Wenn sie katholisch ist. Wenn sie militant ist. Wenn sie nur Freundinnen hat. Wenn sie Justin Timberlake mag. Wenn sie einen Blog hat. Loula musste lachen. Ich sagte, wenn sie nicht lachen kann wie Sie. An einem Abend gab es eine kleine Party, weil ein Schauspieler seinen letzten Drehtag hatte. Loula riet mir, dem Tonassistenten nicht einfach so das Terrain zu überlassen. So stand ich Schulter an Schulter mit Géraldine in dem Treppenhaus, das nach unten führt, wo die Kulissen zwischengelagert werden. Ich hatte eine Flasche Rotwein geklaut, wir tranken aus Pappbechern. Vor allem ich. Ich sagte (mit der raunenden Stimme der amerikanischen Serienschauspieler kurz vor der nächsten Fickszene), wenn ich Präsident wäre, würde ich ein paar Reformen sofort anpacken. Eine europaweite Verfügung gegen Kleiderbügel, die angeblich Hosen halten und sie fallen lassen, sobald du ihnen den Rücken kehrst. Ein Gesetz gegen Seidenpapier in Socken (es heißt Seidenpapier, ist aber etwas zwischen Seidenpapier und Pauspapier), das nur dazu da ist, dir Zeit zu stehlen und dir zu sagen, ich bin neu. Ein Gesetz gegen die Behinderung durch Beipackzettel, wenn du eine Medikamentenschachtel öffnest. Du fingerst herum, weil du deine Schlaftabletten nehmen willst, und findest Papier, also schmeißt du den Beipackzettel weg, weil er dich nervt. Man müsste die Laboratorien wegen Mordes anklagen, wenn man bedenkt, was für Risiken sie einem zumuten. Géraldine sagte, du nimmst Schlaftabletten? – Nein, ein Antihistaminikum. – Was ist das? Ich war nicht alkoholisiert genug, um die Dimension des Problems gleich zu erkennen. Nicht nur, dass mir Géraldine nicht an die Brust sank, entzückt von meinem dummen Geschwätz, sie kannte auch das Wort *Antihistaminikum* nicht. Ganz zu schweigen von ihrem missbilligenden Ton, als es um die Schlaftabletten ging, der einen unnachgiebigen Charakter und New-Age-Tendenzen verriet. Ich sagte, Medikamente gegen Allergien. – Du hast Allergien? – Asthma. – Asthma? Was musste sie alles so wiederholen? Nach einem Schluck aus der Flasche sagte ich mit finsterer Stimme, und Heuschnupfen und alle möglichen anderen Allergien. Und dann küsste ich sie. Sie ließ mich machen. Ich legte sie quer über die Stufen, gegen die Betonmauer der Lagerhalle, und fing an, sie wie ein Wilder überall zu begrapschen. Sie zappelte und sagte irgendwas, das ich nicht verstand, und das nervte mich, ich sagte, was, während ich mich an ihr erregte, was? Was sagst du? Sie wiederholte, nicht hier, nicht hier, Damien! Sie versuchte mich wegzustoßen, wie es Frauen tun, halb ja, halb nein, ich steckte den Kopf unter ihr T-Shirt, sie trug keinen BH, ich schnappte eine ihrer Brustwarzen mit den Lippen, ich hörte unverständliches Stöhnen, ich streichelte ihre Schenkel, ihren Hintern, den Slip hatte ich schon geschafft, ich versuchte, ihre Hand zu meinem Schwanz zu führen, und plötzlich bäumte sie sich wirklich auf, stieß mich mit den Armen und Beinen zurück, trat um sich und schrie, hör auf, hör auf! Ich fand mich plötzlich an der gegenüberliegenden Wand wieder, vor mir eine rot angelaufene Frau, die ganz außer sich war. Sie sagte, du bist ja krank! Ich sagte, was hab ich denn gemacht? – Soll das ein Witz sein? – Entschuldige. Ich dachte, du … du schienst nichts dagegen … – Nicht hier. Nicht so. – Wie, nicht so? – Nicht so brutal. Nicht ohne Vorspiel. Eine Frau braucht ein Vorspiel, hat dir das keiner beigebracht? Sie versuchte, ihre Haare wieder zu richten, machte zehnmal dieselbe Bewegung, um sie nach hinten zu raffen. Ich dachte, *Vorspiel*, was für ein affiges Wort. Ich sagte, lass doch deine Haare, es ist schön, wenn alles durcheinander ist. – Ich will aber gerade nicht, dass alles durcheinander ist. Ich trank den Rest der

124

Flasche leer und sagte, widerlich, dieser Wein da. – Warum trinkst du ihn dann? – Komm, küss mich. – Nein. Oben hatten sie Musik angemacht, aber ich konnte nicht erkennen, was es war. Ich streckte eine Bettlerhand aus, komm. – Nein. Sie wand sich das Haar zu einem Knoten und stand auf. Ich legte den Kopf an die Wand, mein Körper war zusammengesackt. Es geschah absolut nichts. Sie stand mit hängenden Armen da. Und ich am Boden, in der Hand den zerdrückten Plastikbecher. Das bedeutet es doch, jung zu sein, wenn die Jahre vor einem liegen. Also nichts. Ein tiefer Abgrund. Aber kein Abgrund, in den du stürzt. Der ist oben, gegenüber. Mein Vater hat recht, dass er nur in den Karten lebt. Géraldine kam und hockte sich neben mich. Langsam bekam ich Kopfweh. Sie sagte, alles klar? – Ja. – Woran denkst du? – An nichts. – Doch, sag schon. – An nichts. – Doch, sag es mir. – An nichts, glaub mir. Ich wartete, bis ich mich ein bisschen beruhigt hatte, und küsste sie dann, ohne sie irgendwo anders zu berühren. Ich stand auf, zog mir die Klamotten wieder an und sagte, ich gehe nach Hause. Sie sprang auf und sagte, ich auch. Bist du mir böse? – Nein. Dieses Herumzaudern nervt mich. Diese tranfunzelige Stimme plötzlich. Ich nahm die Treppen mit großen Schritten. Kurz bevor ich oben ankam, sagte sie, Damien? – Was? – Nichts. Im Erdgeschoss war die Stimmung gut, es wurde getanzt, Loula Moreno war natürlich schon weg. Am nächsten Morgen im Auto erzählte ich ihr von dem Abend, in groben Zügen. Loula fragte, wie seid ihr auseinandergegangen? – Ich bin mit dem Wagen zu mir nach Hause gefahren. – Und wie habt ihr euch voneinander verabschiedet? – Tschüss, tschüss, Küsschen auf die Wange. – Mist, sagte Loula. – Mist, wiederholte ich. Es war gerade mal hell geworden, das Wetter war zum Kotzen. Im Auto hatte ich alles, was man einschalten konnte, eingeschaltet, Scheibenwischer, Antibeschlag, Heizung in alle Richtungen. Ich sagte, im wahren Leben fahre ich Motorroller. Loula nickte. – Ich war mit Rollschuhen unterwegs, als die Kumpel aus meiner Klasse mit dem Fahrrad fuhren, mit dem Fahrrad, als sie Motorroller hatten, und jetzt mit dem Roller, wo sie Auto fahren. Ich bin der Junge, der immer das richtige Tempo anschlägt. Ich sagte, es gibt ein sehr bekanntes Rezept, mit dem man die Frauen flachlegt, das kennt jeder, einfach kein Wort sagen. Die Typen, die Erfolg haben, schweigen und ziehen eine Fresse. Ich finde mich nicht attraktiv und von Natur aus nicht rätselhaft genug, um zu schweigen. Ich rede zuviel, ich labere Mist, ich will die ganze Zeit lustig sein. Sogar bei Ihnen will ich lustig sein. Manchmal werde ich nach einer Reihe von Witzen trübsinnig, weil ich auf mich selber böse bin. Vor allem bei einem Schlag ins Wasser, dann schalte ich auf stur und werde eine Viertelstunde lang finster. Dann kommt wieder der Clown durch. Das kotzt mich an, dieses ganze Verführungstheater. Loula fragte, was für einen Roller hast du? – Einen Yamaha Xenter 125. Kennen Sie sich mit so was aus? – Eine Zeitlang hatte ich eine Vespa. Rosa, wie in *Ein Herz und eine Krone*. Ich kann mir gut vorstellen, wie Sie waren, sagte ich. Sie müssen sehr süß gewesen sein. War der nicht in Schwarzweiß, dieser Film? Sie überlegte. Dann sagte sie, stimmt. Aber die Vespa sah rosa aus. Vielleicht war sie es ja gar nicht.

Luc Condamine

– Gestern hab ich Juliette mit der Hundeleine geschlagen, sagte ich. – Du hast einen Hund?, sagte Lionel. Robert kochte uns in seiner Küche Spaghetti. Mit einem Sugo napoletano. So hab ich sie am liebsten, meine beiden Trottel. Am Tisch in der Küche. Ohne die Weiber. Uns selbst und unseren schlimmsten Seiten ausgeliefert, Zitat Lionel. Ich habe meine Tochter mit der Hundeleine geschlagen, wiederholte ich. Nach einem Streit, den sie mit ihrer Unverschämtheit ausgelöst hat, rief ich, als sie aus dem Zimmer ging, und knall nicht die Tür zu! Sie knallte die Tür umso fester zu. Ich schnappte mir die herumliegende Leine, fing Juliette im Flur ein und verpasste ihr eine Abreibung. Ich habe es weder bereut noch mich geschämt. Sondern eher Erleichterung empfunden. Dieses Gör terrorisiert das ganze Haus und brüllt uns mit ihrer schrillen Stimme zusammen. Als Anne-Laure erfuhr, dass ich unser Kind mit der Hundeleine geschlagen hatte, entglitt ihr das Gesicht, wortlos. Jetzt setzt sie jiddische Theaterfratzen auf, um mir ihre Verachtung mitzuteilen. Das ist neu. Sie verließ den Raum und kehrte wenige Minuten später mit dem großen strafenden Schweigen der Frauen zurück, um mir die Striemen auf den Armen und einem Teil des Rückens zu präsentieren. Juliette musterte mich abschätzig mit ihrem geschwollenen, geröteten Gesicht und sagte, ich hasse dich. Ich fand sie süß, und ihre Stimme klang normal. Anne-Laure sagte, du brauchst Hilfe. Warum brauche ich Hilfe? Ich wusste gar nicht mehr, dass du einen Hund hast, sagte Lionel. – Eine lange Ratte. Toller Hund. Richtig gut, dieser Wein. Brunello di Montalcino von 2006. Bravo. Ich habe mit den Frauen überhaupt keine Geduld mehr. Neulich hatte ich meine Mutter am Telefon, Anne-Laure stand vor dem Spiegel (sie findet, sie hat Falten), Juliette schrie ihre Schwester an, da dachte ich, verdammte Hacke! Ich lass mich von der Zeitung versetzen, ganz weit weg. – Und Paola?, erkundigte sich Robert, triffst du dich noch mit ihr? – Noch. Aber nicht mehr lange. Du hast Odile nichts davon erzählt, oder? – Nein, nein. Warum denn nicht mehr lange? – Weil irgendwann bei jeder Kurtisane die gute Frau durchschlägt. Ich, der ich nur auf Mädchen aus den Matrosenkneipen stehe, fang mir immer die Intelligenzlerinnen ein, die mich zu Dichterlesungen schleppen. – Sie ist viel mehr wert als du, sagte Robert. – Genau das werfe ich ihr vor. Apropos, was läuft mit Virginie Déruelle? – Wer ist das?, fragte Lionel. – Eine Kleine, die er in seinem Sportverein kennengelernt hat und die er mir andrehen will, antwortete Robert. – Die ich dir bereits angedreht habe. – Auch recht. – Also?, lachte Robert und zog eine lange Nudel heraus, probier mal, ist die gar? Oder noch ein bisschen drinlassen? – Nee, ist gut. Erzähl schon! – Nein. – Da könnte man ihm wertvolle Ratschläge für sein Abenteuer geben, sagte ich zu Lionel, und dann will er es lieber ganz allein erleben. Im selben Augenblick hörten wir dröhnende Musik irgendwo in der Wohnung. – Was ist das denn? Das ist Simon, wegen dem fliegen wir noch mal aus dem Haus, dieser Idiot, sagte Robert. Er ließ die Nudeln Nudeln sein und rannte den Flur runter. Die Musik brach abrupt ab. Wir hörten ihn palavern. Dann kam er mit seinem jüngsten Sohn zurück, der echt sympathisch aussieht. Ich hätte gern einen Sohn. Robert sagte, falls die Nachbarn klingeln, soll sich dein Bruder mit ihnen rumschlagen. Und ich stehe hundertpro auf ihrer Seite. Was willst du, Milch? – Johannisbeersaft, stotterte Antoine. – Nicht abends, nicht nach dem Zähneputzen. – Johannisbeersaft, wiederholte Antoine. – Warum willst du denn keine Milch, du magst doch Milch! – Ich will Johannisbeersaft. – Gib ihm doch endlich seinen Johannisbeersaft, sagte ich, was soll schon sein. Robert schenkte ihm ein Glas Johannisbeersaft ein. – Ab ins Bett, mein kleiner Biber. Robert goss die Spaghetti ab und schüttete sie in eine Schüssel auf dem Tisch. Lionel sagte, das hatten wir jahrelang mit Jacob. Den lieben langen Tag waren die Nachbarn am Klopfen und Klingeln. – Und Jacob? Macht er immer noch sein Praktikum in London?, erkundigte sich Robert. Lionel nickte. Was für ein Praktikum war das noch mal?, fragte ich. – In einer Plattenfirma. – Welche denn? – Ein kleines Label. – Ist er zufrieden? – Sieht so aus. Robert hatte alle Hände voll zu tun, uns zu bedienen. Er rieb Parmesan. Er schnitt Basilikum klein und streute es über den Sugo. Er stellte zum Nachwürzen sizilianisches Olivenöl und ein Piment-Öl hin. Er schenkte uns nach. Wir hatten's gut, wir drei. Ich sagte, das ist schön, so zu dritt. Wir stießen an. Auf die Freundschaft. Auf das Alter. Auf das Hospiz, das uns dereinst aufnimmt, es möge ein gutes sein. Auf die seltene Ehre, dass Lionel dabei ist, sagte Robert. Lionel wollte protestieren. Gib doch zu, dass du nie Zeit hast, sagte, ich, er hat recht. Man kriegt leichter einen Termin bei Nelson Mandela als bei Lionel Hutner. Hey! Ein bisschen Humor, mein Guterchen. Du bist der einzige von uns, der es geschafft hat, als Paar glücklich zu werden. Da hat man bestimmt zu tun. Die Tür ging auf, Simon, der Ältere von Odile und Robert. Ein kindlicher Körper und eine braune, gewellte Tolle, die seltsam über der Stirn hing, wie angeklebt, was einen Hang zum Modischen verriet. Was ist denn noch?, fragte Robert. Wir wären am liebsten ungestört, falls das geht. – Ist noch Johannisbeersaft da? Oh, super, Nudeln, krieg ich auch welche? – Mach dir einen Teller und verschwinde. Ich betrachtete die Freude und Begeisterung in den Augen des Jungen, dem sein roter Pyjama zu kurz geworden war, während er einen kleinen Berg Spaghetti, Tomatensoße und Parmesan auf seinen Teller häufte. Ich wartete ab, bis er weg war mit seinem Johannisbeersaft in der anderen Hand, und sagte, Glücklichsein ist Veranlagungssache. Du kannst in der Liebe nicht glücklich sein, wenn du nicht zum Glücklichsein veranlagt bist. – Jetzt hast du es aber geschafft, diesem Abend einen Dreh ins Finstere zu geben, Alter, sagte Robert. Konzentrier dich auf deine Nudeln. Kein Kompliment? – Hervorragend, sagte Lionel. – Wenn wir sterben, Anne-Laure und ich, wird die Bilanz apokalyptisch sein. Aber wen kümmert schon die Bilanz? Ich scheiß drauf, dass ich mein Leben versaut habe. Im September will ich mit Judo anfangen. – Ich will auch Nudeln, sagte Antoine, der wiederaufgetaucht war. – Du hast schon gegessen, Mann, seid ihr nervig, geh wieder ins Bett, brüllte Robert. – Warum kriegt Simon noch mal was zu essen? – Weil er zwölf ist. – Das überzeugt ihn bestimmt, mischte ich mich ein. Robert schnappte sich einen Teller und schmiss eine Handvoll Spaghetti drauf. – Keine Soße, nur Parmesan, sagte Antoine. – Los, zisch ab. Robert machte noch eine Flasche Brunello auf. Viel sagst du ja nicht, sagte ich zu Lionel. Er machte ein seltsames Gesicht. Er schaute in sein Glas und ließ die Neige darin kreisen. Dann verkündete er mit Grabesstimme, Jacob ist in der Geschlossenen. Darauf folgte ein Schweigen. Er sagte, er ist nicht in London, sondern in einer Klinik in Rueil-Malmaison. Kann ich mich auf eure Verschwiegenheit verlassen? Kein Wort zu Anne-Laure, Odile oder sonst wem. Robert und ich sagten, natürlich. Natürlich. Robert schenkte Lionels Glas wieder voll. Er trank ein paar Schlucke nacheinander. – Erinnert ihr euch an seinen Hang zu … seine Schwärmerei für … für Céline Dion? Kaum hatte er den Namen ausgesprochen, prustete Lionel speichelsprühend los, er konnte es nicht unterdrücken, Tränen in den roten Augen, den Körper von Krämpfen geschüttelt. Wie versteinert sahen wir ihn so lachen. Er versuchte, noch etwas zu sagen, aber es wirkte, als könnte er bloß den Namen wiederholen, wieder und wieder, wenn auch nicht vollständig, mit erstickter Stimme, die jedes Mal von einem tragischen Gelächter überrollt wurde. Er trocknete mit der ganzen Handfläche seine Tränen, man konnte nicht recht sagen, woher sie kamen, vom Lachen oder vom Weinen. Nach einer Weile beruhigte er sich wieder. Robert klopfte ihm auf die Schulter. Wir blieben so sitzen. Alle drei um den Tisch. Ohne zu begreifen, ohne zu wissen, was wir tun sollten. Dann stand Lionel auf. Er ließ den Wasserhahn an der Spüle laufen und klatschte sich mehrmals das Gesicht ab. Dann drehte er sich zu uns und sagte, sichtlich um Beherrschung ringend, Jacob hält sich für Céline Dion. Er ist überzeugt davon, tatsächlich Céline Dion zu *sein*. Ich wagte nicht, Robert anzusehen. Lionel hatte den zweiten Satz mit äußerstem Ernst ausgesprochen und sah uns entsetzt an. Ich dachte, solange ich Robert nicht anschaue, kann ich die Miene des Mitgefühls halten. Solange ich Robert ignoriere, kann ich die schmerzerfüllte Maske halten, die Lionel braucht. – Er war das fröhlichste Kind der Welt, sagte Lionel. Das einfallsreichste. Er baute sich Landschaften in seinem Zimmer, ganze Archipele, einen Zoo, einen Parkplatz. Er veranstaltete alle möglichen Vorführungen. Nicht nur Musik. Er hatte einen Laden mit Spielgeld. Er schrie, der Laden ist geöffnet! Keine Ahnung warum, aber die Erwähnung dieses Ladens stürzte Lionel in ein bekümmertes Sinnieren. Er fixierte einen Punkt auf dem Fliesenboden. Dann sagte er: Du hast recht, Glücklichsein ist Veranlagungssache. Vielleicht sollte man als Kind lieber nicht so veranlagt sein? Das frage ich mich. Vielleicht ist es gar nicht gut für das Leben, wenn man in der Kindheit glücklich ist? Während ich Lionel betrachtete, wie er mitten in der Küche stand, die Hosen zu hoch gezogen, das Hemd schlecht reingesteckt, dachte ich, es braucht nur wenig, um einen Mann verwundbar aussehen zu lassen. Robert hinter mir sagte, komm, setz dich wieder hin, Alter. Ich beging den Fehler, mich umzudrehen. Eine Sekunde kreuzten sich unsere Blicke. Ich weiß nicht mehr, wer von uns beiden als erster geplatzt ist. Wir krümmten uns am Tisch, erstickten vor Lachen. Ich weiß noch, dass ich nach Roberts Arm griff, damit er um Gottes willen aufhörte, und sein unkontrolliertes Prusten habe ich immer noch im Ohr. Wir standen auf, immer noch lachend, und flehten Lionel an, uns zu verzeihen. Robert nahm Lionel in die Arme, ich hängte mich dran, und wir drückten ihn wie zwei beschämte Kinder, die sich in den Röcken ihrer Mutter verstecken. Dann machte Robert sich los. Es kostete ihn eine, wie ich mir vorstellte, Riesenkonzentration, wieder ein ernstes Gesicht aufzusetzen, und es gelang ihm. Er sagte, du weißt ja, dass wir uns nicht lustig machen. Lionel war großartig, er lächelte freundlich und sagte, ich weiß, ich weiß. Wir setzten uns wieder an den Tisch. Robert schenkte die Gläser voll. Wir stießen noch einmal an. Auf die Freundschaft. Auf Jacobs Gesundheit. Wir stellten ein paar Fragen. Lionel sagte, Pascaline ist bewundernswert. Ich weiß, wie viele Sorgen sie sich macht, aber sie schafft es, zuversichtlich zu bleiben, positiv. Sagt ihr nicht, dass ihr Bescheid wisst. Wenn sie euch eines Tages davon erzählt, habt ihr nichts gewusst. Wir versprachen, nichts zu sagen. Und versuchten, von etwas anderem zu reden. Lionel sprach mich auf meine neuesten Reportagen an. Ich erzählte ihnen von der Eröffnung des jüdischen Mahnmals in Skopje. Die Zeremonie unter freiem Himmel und auf Plastikstühlen. Die Fanfare, die in der Ferne erklang, wie ein Spielzeuggeräusch. Die drei mazedonischen Soldaten, rasierte Skinheads mit langem Umhang, Arme horizontal nach vorn, darauf ein Kissen mit einer Getränkedose, in Wirklichkeit eine Urne von Treblinka-Opfern. Das Ganze vollkommen grotesk. Einen Moment später wieder Fanfaren, in Ruanda. Achtzehnter Jahrestag des Genozids im Stadion von Kigali. Da erschienen aus einer Tür, Marke Löwentor in *Ben Hur*, lauter Typen im Gänsemarsch, Stöcke werfend. Ich sagte, warum müssen alle Massaker immer mit einer Fanfare enden? – Ja, das stimmt, meinte Lionel. Und wir fingen alle drei wieder an zu lachen, besoffen, wie wir waren.

Hélène Barnèche

Neulich setzte sich im Bus ein vollschlanker Mann vor mich, ans Fenster auf der Bank gegenüber. Ich brauchte einen Moment, bis ich ihn wahrnahm. Eigentlich hob ich den Kopf nur, weil ich seinen Blick auf mir spürte. Der Mann musterte mich mit unglaublich ernster Miene, fast wie ein Wahrsager. Ich tat, was man in so einer Situation tut, man hält den Blick tapfer aus, um Gleichgültigkeit zu demonstrieren, und wendet sich wieder anderen Betrachtungen zu. Aber ich fühlte mich unwohl. Ich spürte sein beharrliches Interesse und überlegte sogar, ob ich ihm nicht einen Spruch hinknallen sollte. Ich dachte gerade darüber nach, als ich hörte, Hélène? Hélène Barnèche? Ich sagte, kennen wir uns? Er sagte, so, als wäre er der einzige auf der Welt, was übrigens der Fall war, Igor. Es war weniger der Name als seine Art, ihn auszusprechen, die ich auf der Stelle wiedererkannte. Eine Art, sich auf dem o auszuruhen, eine prätentiöse Ironie in diese beiden Silben hineinzuschmuggeln. Ich wiederholte dumm den Namen und musterte sein Gesicht nun meinerseits. Ich bin eine Frau, die keine Fotos mag (ich mache nie welche), die keine Bilder mag, seien sie fröhlich oder traurig, mit denen womöglich Gefühle erzeugt werden könnten. Gefühle sind etwas Erschreckendes. Am liebsten hätte ich, dass das Leben einfach weitergeht und alles nach und nach ausgelöscht wird. Es gelang mir nicht, diesen neuen Igor mit dem der Vergangenheit zu verknüpfen. Weder seine körperliche Beschaffenheit noch irgendeine Eigenschaft, die seinen Zauber ausmachte. Aber ich erinnerte mich an den Zeitabschnitt, der seinen Namen getragen hatte. Als ich Igor Lorrain kennenlernte, war ich sechsundzwanzig, er kaum älter. Ich war schon mit Raoul verheiratet und arbeitete als Sekretärin bei der Sparkasse. Er studierte Medizin. Damals verbrachte Raoul seine Nächte im Café beim Kartenspiel. Yorgos, ein Kumpel, hatte Igor ins Darcey mitgebracht, an der Place Clichy. Ich war fast jeden Abend dort, ging aber früh nach Hause und ins Bett. Igor bot mir an, mich nach Hause zu fahren. Er hatte eine blaue Ente, die man mit einer Kurbel anwarf, bei offener Motorhaube, weil der Kühlergrill verbeult war. Er war groß und schlank. Er schwankte zwischen Bridge und Psychiatrie. Vor allem war er irre. Es war schwer, ihm zu widerstehen. Eines Abends beugte er sich an einer roten Ampel zu mir und sagte, meine arme Hélène, sie haben dich ganz schön im Stich gelassen. Und küsste mich. Er irrte sich, ich fühlte mich gar nicht im Stich gelassen, aber während ich noch darüber nachsann, lag ich schon in seinen Armen. Wir hatten nichts gegessen, er nahm mich mit in ein kleines Bistro an der Porte de Saint-Cloud. Mir wurde sofort klar, mit was für einem ich es zu tun hatte. Er bestellte zweimal Hühnchen mit grünen Bohnen. Als das Essen serviert wurde, probierte er und sagte, na, da muss Salz dran. Ich sagte, nein, für mich ist es gut. Er sagte, aber nein, das ist nicht genug gesalzen, tu noch Salz dran. Ich sagte,

Igor, das reicht für mich. Er sagte, tu Salz dran, sag ich dir. Und ich tat Salz dran. Igor Lorrain kam aus dem Norden, wie ich. Er stammte aus Béthune. Sein Vater arbeitete in der Flussschifferei. Bei mir gab's nichts zu lachen. Aber bei ihm noch weniger. Bei uns zu Hause kam es schnell mal zu einer Backpfeife, wenn es nicht gleich Schläge oder in die Fresse geschmissene Gegenstände waren. Ich habe mich lange bei jeder Gelegenheit geprügelt. Ich habe meine Freundinnen geschlagen und auch meine ersten Freunde. Raoul schlug ich am Anfang auch, aber er lachte nur. Ich wusste nicht, was ich sonst tun sollte, wenn er mich ärgerte. Ich schlug zu. Entweder knickte er übertrieben in sich zusammen, als wäre ich eine der zehn ägyptischen Plagen in Person, oder er hielt mir mit einer Hand die Handgelenke fest und lachte. Damien hab ich nie geschlagen. Ich habe niemanden mehr geschlagen, seit ich meinen Sohn bekam. Im 95er, der von der Place Clichy zur Porte de Vanves führt, erinnerte ich mich daran, was mich so an Igor Lorrain gekettet hatte. Nicht Liebe oder wie man derlei Gefühle auch immer benennen will, sondern das Ungebändigte. Er beugte sich herüber und sagte, erkennst du mich wieder? Ich sagte, ja und nein. Er lächelte. Da fiel mir ein, dass ich es damals nie geschafft hatte, ihm klar und deutlich zu antworten. – Du heißt immer noch Hélène Barnèche? – Ja. – Du bist immer noch mit Raoul Barnèche verheiratet? – Ja. Ich hätte gern längere Sätze gebildet, aber ich schaffte es nicht, ihn zu duzen. Er hatte lange graumelierte Haare, die er seltsam zurückgestrichen hatte, und einen aufgedunsenen Hals. In seinen Augen fand ich die Spur des düsteren Wahnsinns wieder, der mich eingesaugt hatte. Ich ging im Geiste mein Erscheinungsbild durch. Meine Frisur, mein Kleid und meine Weste, meine Hände. Er beugte sich wieder herüber und fragte, bist du glücklich? Ich sagte ja und dachte, ganz schön dreist. Er nickte und setzte einen gerührten Blick auf, du bist glücklich, bravo. Ich hatte Lust, ihm eine zu scheuern. Dreißig Jahre in ruhiger Stimmung binnen zehn Sekunden weggefegt. Und du, Igor?, fragte ich. Er lehnte sich zurück und antwortete, ich, nein. – Du bist Psychiater? – Psychiater und Psychoanalytiker. Ich verzog das Gesicht, um auszudrücken, dass mir derlei Feinheiten nichts sagten. Er deutete eine Geste an, um mir zu sagen, das sei nicht schlimm. – Wo geht's hin?, fragte er. Diese drei Worte warfen mich über den Haufen. *Wo geht's hin*, als hätten wir uns gestern Abend das letzte Mal gesehen. In demselben Ton wie früher, als hätten wir in unserem Dasein nichts anderes getan, als uns im Kreis zu drehen. Raoul hat mich nie *festgehalten*. Mein Rouli hat immer nur daran gedacht, zu spielen und Spaß zu haben. Ihm ist nie in den Sinn gekommen, sein Weibsstück zu bewachen. Igor Lorrain wollte mich festbinden. Er wollte in allen Einzelheiten wissen, wo ich hinging, was ich tat und mit wem. Er sagte, du gehörst mir. Ich sagte, nein. Er sagte, sag, dass du mir gehörst. Nein. Er packte mich am Hals, er drückte fest zu, bis ich sagte, ich gehöre dir. Andere Male schlug er mich. Ich musste es wiederholen, weil es nicht zu ihm durchdrang. Ich wehrte mich, ich gab jeden Schlag zurück, aber er überwältigte mich jedes Mal. Am Ende landeten wir immer im Bett und trösteten uns. Dann ergriff ich die Flucht vor ihm. Er wohnte in einem winzigen Dienstmädchenzimmer am Boulevard Exelmans. Ich flüchtete ins Treppenhaus. Er schrie übers Geländer, sag, dass du mir gehörst, und ich sagte beim Runterrennen, nein, nein, nein. Er fing mich wieder ein, presste mich an die Wand oder gegen das Aufzuggitter (manchmal kamen Nachbarn vorbei), er sagte, wo willst du hin, kleine Schlampe, du weißt doch, dass du mir gehörst. Wir liebten uns noch einmal, auf den Stufen. Eine Frau will dominiert werden. Eine Frau will in Ketten gelegt werden. Das kann man nicht jedem erklären. Ich versuchte, den Mann, der in diesem Bus vor mir saß, zu rekonstruieren. Ein verbrauchter alter Schönling. Den Rhythmus des Körpers erkannte ich nicht wieder. Aber den Blick ja. Die Stimme auch. – Wo geht's hin? – Nach Pasteur. – Was hast du in Pasteur vor? – Jetzt übertreibst du aber. – Hast du Kinder? – Einen Sohn. – Wie alt? – Zweiundzwanzig. Und du, hast du Kinder? – Wie heißt er? – Mein Sohn? Damien. Und du, hast du Kinder? Igor Lorrain nickte. Er betrachtete durchs Fenster eine Werbung für Etagenheizungen. Konnte er Kinder haben? Natürlich. Jeder x-Beliebige konnte Kinder haben. Ich hätte gern gewusst, mit welchem Typ Frau. Ich hätte ihn gern gefragt, ob er verheiratet war, aber ich tat es nicht. Er tat mir leid, und ich mir auch. Zwei fast schon Alte, die durch Paris geschuckelt wurden, ihr Leben auf dem Buckel. Er hatte neben sich eine abgeschabte Ledertasche abgestellt, eine Art Aktentasche. Der Griff war ausgeblichen. Er wirkte sehr einsam auf mich. Seine Körperhaltung, seine Kleidung. Man sieht das, wenn sich keiner um einen Menschen kümmert. Vielleicht hatte er jemanden, aber keine, die sich um ihn kümmerte. Ich verhätschele meinen Rouli. Man kann sogar sagen, ich gehe ihm auf die

Nerven. Ich suche ihm die Kleidung aus, ich färbe ihm die Augenbrauen, ich hindere ihn am Trinken oder am Aufessen der Knabbermischung. Ich bin auf meine Weise auch allein. Raoul ist sanft und liebevoll (außer wenn wir Bridgepartner sind, dann verwandelt er sich), aber ich weiß, dass er sich mit mir langweilt (außer wenn wir ins Kino gehen). Er ist glücklich mit seinen Kumpeln, er hat sich ein Dasein außerhalb der realen Dinge und der üblichen lästigen Pflichten erfunden. Meine Freundin Chantal sagt, Raoul ähnelt einem Politiker. Immer abwesend, auch wenn er da ist. Damien zog irgendwann aus. Ich zwang mich sogar fast dazu, ihn rauszuwerfen. Als ich danach sein Zimmer putzte, fand ich Spuren aus allen Stadien. Einmal setzte ich mich abends auf sein Bett und weinte, als ich eine Schachtel voll bemalter Kastanien öffnete. Die Kinder gehen fort, das muss so sein, das ist normal. Igor Lorrain sagte, ich steige hier aus, komm mit. Ich schaute nach dem Namen der Haltestelle, es war Rennes-Saint-Placide. Ich sagte, ich steige Pasteur-Docteur-Roux aus. Er zuckte die Achseln, als wäre das die allerletzte Station, die man sich vorstellen konnte. Er stand auf. Er sagte, komm, Hélène. *Komm, Hélène.* Und streckte mir die Hand hin. Ich dachte, er ist vollkommen irre. Ich dachte, wir sind noch am Leben. Ich legte meine Hand auf seine. Er zog mich vor den anderen Fahrgästen zum Ausgang, und wir stiegen aus dem Bus. Es war schönes Wetter. Auf der Straße war eine Baustelle. Wir schlüpften in ein Labyrinth aus Hohlblocksteinen und Schildern, um die Rue de Rennes zu überqueren. Die Leute liefen in beiden Richtungen und rempelten sich an. Alles war laut. Igor hielt meine Hand fest. Dann waren wir auf dem Boulevard Raspail. Ich war ihm unendlich dankbar, dass er mich nicht losließ. Die Sonne blendete mich. Ich erblickte, als wäre es das erste Mal, die Baumreihen auf dem Mittelstreifen, die Beete in ihrer blaugrünen schmiedeeisernen Einfassung. Ich hatte keine Ahnung, wo wir hinliefen. Ob er es wusste? Einmal hatte Igor Lorrain zu mir gesagt, es war ein Fehler, dass ich in die menschliche Gesellschaft geboren wurde. Gott hätte mich in die Steppe schicken und zum Tiger machen müssen. Ich hätte gnadenlos über mein Revier regiert. Wir gingen wieder hoch, Richtung Denfert. Er sagte zu mir, du bist ja immer noch so klein. Er war so groß wie früher, aber dicker. Ich lief ein Stück, um mit ihm Schritt zu halten.

Jeannette Blot

Ich sehe grässlich, grässlich, grässlich aus. Ich will nicht mal aus der Umkleidekabine raus, um mich Marguerite zu zeigen. Ich kann einfach kein anliegendes Kleidungsstück tragen. Ich habe keine Taille mehr. Meine Brust ist größer geworden. Ich kann mein Dekolleté nicht zeigen. Früher schon. Jetzt nicht mehr. Marguerite ist kein bisschen realistisch. Sie selber geht übrigens immer nur mit enganliegenden Halsketten oder einem kleinen Schal aus. Meine Tochter und meine Schwägerin haben sich in den Kopf gesetzt, mich neu einzukleiden, zu wer weiß welchem psychologischen Zweck. Als wir neulich Abend meinen Siebzigsten feierten, sagte Odile zu mir, du ziehst dich nicht an, Maman, du bedeckst dich mit Textilien. – Na und? Wer schaut mich denn an? Ernest bestimmt nicht. Dein Vater weiß nicht mal mehr, dass ich einen Körper habe. Am nächsten Tag rief sie mich an und erzählte, als sie bei Franck und Söhne vorbeigekommen sei, habe sie im Schaufenster ein braunes Kleidchen mit einer orangen Borte gesehen. – Das würde dir blendend stehen, Maman, sagte sie. An der Schaufensterpuppe hatte es tatsächlich einen gewissen Schwung. – Passt es?, fragt Marguerite auf der anderen Seite des Vorhangs. – Nein, nein, überhaupt nicht! – Zeig mal. – Nein, nein, das können wir uns sparen!

Ich versuche, das Kleid auszuziehen. Der Reißverschluss klemmt. Ich bin kurz davor, das Ganze zu zerreißen. Ich verlasse die erstickende Höhle der Kabine, hilf mir mal beim Ausziehen, Marguerite! – Lass dich doch mal anschauen. Du siehst sehr gut aus! Was gefällt dir daran nicht? – Gar nichts. Alles schrecklich. Schaffst du es? – Und die Bluse? – Ich hasse Rüschen. – Sind doch gar keine dran. – Doch. – Warum bist du so nervös, Jeannette? – Weil ihr mich zu etwas Widernatürlichem zwingt, du und Odile. Diese Einkäufe sind eine Qual. – Der Reißverschluss hat sich verhakt. Zappel nicht so herum. Ich fange an zu weinen. Das kommt ganz plötzlich. Marguerite fuhrwerkt an meinem Rücken herum. Ich will nicht, dass sie etwas merkt. Das ist albern. Jahrelang schluckt man all seine Tränen runter, und dann heult man ohne Grund in einer Umkleidekabine bei Franck und Söhne los. – Alles in Ordnung?, fragt Marguerite. Sie hat ein feines Gehör. Sie irritiert mich, sie merkt alles. Unterm Strich sind mir Menschen lieber, die nichts merken. Da braucht man sich nicht zu erklären. – Nicht bewegen, sagt Marguerite, gleich hab ich's. In einem Buch von, ich glaube, Gilbert Cesbron fragt eine Frau ihren Beichtvater, ob man dem Kummer nachgeben oder dagegen ankämpfen und ihn unterdrücken soll. Die Antwort des Beichtvaters lautet, es nutze nichts, das Weinen zu unterdrücken. Der Kummer würde sich nur irgendwo verkriechen. – Geschafft, triumphiert Marguerite. Ich flüchte in die Kabine, um mich zu befreien. Ich ziehe mich wieder an und versuche, mein Gesicht zu beleben. Das Kleid rutscht vom Bügel und fällt runter, ich hebe es auf und lasse es wie einen Lappen auf dem Hocker liegen. Auf der

143

Straße appelliere ich an Marguerite, sie soll das Projekt, mich zum Schick zurückzuführen, einfach aufgeben. Meine Schwägerin bleibt vor jedem Schaufenster stehen. Kleidung, Schuhe, Lederwaren, selbst Unterwäsche. Nun wohnt sie allerdings auch in Rouen, die Ärmste. Ab und zu versucht sie noch, mich zu motivieren, aber es ist offensichtlich, wer hier Lust auf den Laden hat, sie nämlich, sie will eine Tasche berühren, ein Kleidungsstück anprobieren. Ich sage zu ihr, das würde dir gut stehen, gehen wir mal rein. Sie antwortet, o nein, nein, ich habe schon zu viel unnützes Zeug, ich weiß gar nicht mehr, wohin damit. Ich beharre, ist doch hübsch, dieses Jäckchen, das passt zu allem. Marguerite schüttelt den Kopf. Ich fürchte, aus Feingefühl. Das finde ich schier zum Verzweifeln, zwei Frauen, die an einem Spalier von Boutiquen entlangmarschieren und nichts wollen. Ich wage Marguerite nicht zu fragen, ob es einen Mann in ihrem Leben gibt (ein blöder Ausdruck, was soll das heißen, einen Mann in seinem Leben haben? Ich habe einen, auf dem Papier, und in Wahrheit habe ich keinen). Wenn es einen Mann in deinem Leben gibt, fragst du dich die idiotischsten Dinge, wie gut dein Lippenstift hält, welche Form der BH hat, welche Farbe die Haare. Das beschäftigt einen. Das macht gute Laune. Vielleicht hat Marguerite ja solche Sorgen. Ich könnte sie danach fragen, aber ich fürchte eine Enthüllung, die mir weh täte. Ich rechne schon seit so vielen Jahren mit keiner Verwandlung mehr. Als Ernest im Zenit seiner Laufbahn stand, prüfte er immer mein Erscheinungsbild. Das hatte nichts mit Aufmerksamkeit zu tun. Wir gingen oft aus. Ich gehörte zum Dekor. Neulich war ich mit meinem Enkel

Simon im Louvre, bei den italienischen Renaissance-Gemälden. Dieser Kleine ist mein Sonnenschein. Er interessiert sich für Kunst, mit zwölf Jahren. Als ich auf den Bildern jene Gestalten bemerkte, die sich in dunklen Gewändern dicht an den Wänden entlangdrücken, die grausamen Übeltäter aus alten Zeiten, die gebückt auf ein ungewisses Ziel zumarschieren, da fragte ich mich, was wird aus diesen bösen Seelen? Sind sie aus allen Büchern verschwunden, ganz ungestraft? Ich dachte an Ernest. Ernest Blot, mein Mann, ist wie diese Schatten des Abends. Gerissen, verlogen, gnadenlos. Ich muss ja selber verdreht sein, dass ich von diesem Mann geliebt werden wollte. Frauen fliegen auf fürchterliche Männer, weil fürchterliche Männer immer Maske tragen, als gingen sie zum Ball. Sie kommen mit Mandolinen und Partykostümen. Ich war hübsch. Ernest war besitzergreifend, ich nahm seine Eifersucht als Liebe. Ich ließ achtundvierzig Jahre verstreichen. Wir leben in der Illusion der Wiederholung, wie der Tag, der beginnt und wieder endet. Wir beginnen und beenden den Tag und glauben, dieselbe Geste zu wiederholen, aber das stimmt nicht. Marguerite ähnelt ihrem Bruder nicht. Sie ist freundlich, sie hat Skrupel. Sie sagt, Jeannette, willst du es immer noch mit dem Fahren probieren? Ich sage, soll ich? Meinst du nicht, das wäre Wahnsinn? Wir müssen lachen. Plötzlich sind wir ganz aufgeregt. Ich habe seit dreißig Jahren kein Steuer mehr angefasst. Marguerite sagt, wir suchen uns einfach eine Stelle im Bois de Boulogne, wo nicht allzu viel los ist. – Einverstanden. Einverstanden. Wir suchen ihr Auto. Marguerite hat vergessen, wo sie es geparkt hat, und ich habe sogar vergessen, was für ein Auto es war. Ich schlage ihr zwei oder drei vor, bevor wir das richtige finden. Sie dreht den Zündschlüssel und startet. Ich beobachte, was sie tut. – Hast du deinen Führerschein dabei?, fragt sie. – Ja. Meinst du, der ist noch gültig? Die gibt es doch gar nicht mehr, diese Führerscheine. Marguerite wirft einen Blick darauf und sagt, ich habe den gleichen. – Was für ein Auto hast du eigentlich? – Einen Peugeot 207 Automatik. – Automatik! Ich kann nicht mit Automatik fahren! – Das ist ganz einfach. Viel einfacher als mit Gangschaltung. Man braucht überhaupt nichts zu tun. – Oje. Einen mit Automatik! Marguerite sagt, du erzählst aber Odile nichts, versprochen? Ich will mich nicht von deiner Tochter zusammenstauchen lassen. – Kein Wort. Sie geht mir auf die Nerven, dieses Überbehütende. Ich bin doch nicht aus Zucker. Auf der Suche nach einer ruhigen Ecke kurven wir ein bisschen durch den Bois. Schließlich machen wir eine kleine Allee ausfindig, die an einer fünf Meter breiten weißen Schranke endet. Marguerite parkt. Sie stellt den Motor ab. Wir steigen beide aus, um die Plätze zu wechseln. Wir lachen ein bisschen. Ich sage, ich kann gar nichts mehr, Marguerite. Sie sagt, du hast zwei Pedale. Die Bremse und das Gaspedal. Du bedienst beide mit demselben Fuß. Dein linker Fuß hat gar nichts zu tun. – Lass den Wagen an. Ich lasse den Wagen an. Der Motor schnurrt. Ich drehe mich zu Marguerite, ganz begeistert, dass ich den Wagen so leicht anlassen konnte. – Sehr gut, sagt Marguerite mit ihrem Lehrerinnenton (sie unterrichtet Spanisch). – Du hast ihn anlassen können, weil du auf P warst, also auf *Parking*. Schnall dich an. – Soll ich? – Ja, ja. Marguerite beugt sich vor und klickt den Gurt ein,

der mich gleich abschnurt. Ich sage, ich fühle mich gefangen.
– Da gewöhnst du dich dran. Jetzt schaltest du den Hebel auf
D, also auf *Drive*, dann kannst du fahren. Wo ist dein rechter
Fuß? – Nirgendwo. – Stell ihn auf die Bremse. – Warum?
– Weil du ihn, wenn du D eingestellt hast, nur loszulassen
brauchst, und dann fährt das Auto los. – Soll ich? – Ja. – So.
– Jetzt schalte auf D. Ich hole Luft und schalte auf D. Nichts
passiert. Lass den Fuß vorsichtig los, sagt Marguerite. Nur
zu, nur zu, lass ihn ganz los. Ich lasse ihn ganz los. Ich bin
äußerst angespannt. Das Auto fährt an. Ich rufe, es fährt
an! – Jetzt stellst du deinen Fuß aufs Gaspedal. – Wo ist das?
– Direkt neben der Bremse, direkt daneben. Mein Fuß tastet,
ich spüre ein Pedal, ich trete drauf. Das Auto stoppt brüsk,
und wir werden nach vorn geschleudert. Der Gurt schneidet
mir in die Brust. – Was ist da los? – Du hast dich wieder auf
die Bremse gestellt, sagt Marguerite. Wir haben ihn abge-
würgt. Noch mal von vorn. Schalte auf P. Anlassen. Bravo.
Jetzt schalte auf N. – Was ist N? – Neutral. Das ist der Leerlauf. – Ah, der Leerlauf! Ja, ja. – Noch mal von vorn. Bremse.
Drive. Lass deinen linken Fuß still, der hat nichts zu tun.
– Ich kann nicht mit Automatik fahren! – Aber bald. So. Auf
D schalten und loslassen. Bravo. Jetzt schiebst du deinen Fuß
ein wenig nach rechts, da ist das Gaspedal, da drückst du
drauf. Ich konzentriere mich. Der Wagen rollt. Ich halte den
Atem an. Die Schranke ist noch weit, aber ich steuere darauf
zu, ohne jegliche Kontrolle. Panik. – Wie bremse ich? Wie
halte ich an? – Du bremst. – Ich bleibe auf … auf … Wie
heißt das? – Ja, du bleibst auf D. Und wenn der Wagen anhält,
schaltest du wieder auf N. Auf N, nicht auf R! R ist der Rück-

wärtsgang. Nicht den linken Fuß benutzen! Du trittst gerade auf beide Pedale gleichzeitig, Jeannette! Wir kommen mehr schlecht als recht zum Stehen, es gibt ein komisches Geräusch. Ich bin schweißgebadet. Ich sage, hoffentlich bist du mit deinen Schülern geduldiger. – Meine Schüler sind mehr auf Draht. – Du hast mir doch vorgeschlagen, ich soll wieder fahren. – Du versauerst in deiner Wohnung, du musst unabhängig werden. Lass das Auto wieder an. Schalte auf P. Was macht dein rechter Fuß? – Ich weiß nicht. – Stell ihn aufs Gaspedal, ohne Druck. Genau. Schalte auf D. Und los geht's. Gib behutsam Gas. Die Anweisungen meiner Schwägerin verschwinden in einem abgelegenen Teil meines Gehirns. Ich reagiere mechanisch darauf. Die kleine Sorgenkapsel ist in meine Kehle zurückgekehrt. Ich versuche, sie loszuwerden. Wir fahren. – Wo willst du hin?, fragt Marguerite. – Ich weiß nicht. – Du fährst direkt auf die Schranke zu. – Ja. – Du kannst vorher abbiegen, über das Gras. Du fährst um den Baum herum und kommst dann in Gegenrichtung zurück. Sie zeigt mir eine Stelle, die ich nicht sehe, weil ich nicht imstande bin, woandershin als nach vorne zu schauen. – Langsamer, sagt Marguerite, langsamer. Sie stresst mich. Ich weiß nicht mehr, wie man verlangsamt. Meine Arme sind an das Steuer geschweißt wie zwei Eisenstangen. – Abbiegen, Jeannette, abbiegen!, schreit Marguerite. Ich weiß nicht mehr, wo ich bin. Marguerite umklammert das Steuer. Die Schranke ist zwei Meter entfernt. – Lass das Steuer los, Jeannette! Heb den Fuß hoch! Sie reißt an der Handbremse und betätigt den Schaltknüppel. Der Wagen bockt, prallt gegen die weiße Schranke und schrammt daran entlang. Dann steht er still.

Marguerite sagt kein Wort. Mit einem Schlag stehen mir die Tränen in den Augen, ich kann nichts sehen. Marguerite steigt aus. Sie geht um das Auto herum nach hinten und begutachtet die Schäden. Sie öffnet meine Tür und sagt mit sanfter Stimme (das ist das Allerschlimmste), steig aus, ich setze zurück. Sie hilft mir, den Gurt zu lösen. Sie setzt sich ans Steuer und fährt ein kleines Stück zurück, um den 207 von der Schranke wegzubekommen. Dann steigt sie wieder aus. Vorne links ist er ein bisschen eingedrückt, ein Scheinwerfer ist kaputt und der ganze linke Kotflügel verschrammt. Ich murmele, es tut mir so leid, entschuldige. Marguerite sagt, na, den hast du mir ja zugerichtet, meine Güte. – Es tut mir furchtbar leid, Marguerite, ich bezahle für die Reparaturen. Sie schaut mich an, Jeannette, du wirst doch deswegen nicht weinen? Aber Jeannette, das ist idiotisch, ein verbeultes Auto, das ist doch schnurz. Wenn du wüsstest, wie viele Blechschäden ich schon in meinem Leben hatte; einmal hätte ich vorm Gymnasium beinahe einen Fünftklässler überfahren. Ich sage, bitte entschuldige, entschuldige, jetzt habe ich den ganzen Tag verdorben. – Komm, steig wieder ein, sagt Marguerite, wir fahren nach Bagatelle und essen ein Eis. Seit Monaten habe ich Lust, mal wieder nach Bagatelle zu fahren. Wir setzen uns wieder ins Auto wie zuvor. Sie startet ohne Schwierigkeiten. Sie setzt mit einer Geschicklichkeit, die mich fertigmacht, auf die Wiese zurück. Ich verstehe die Leute, die schlechtes Wetter mögen. Da kommt man nicht auf solche Ideen, wie zum Beispiel, einen Blumengarten zu besuchen. – Krieg dich wieder ein, Jeannette, sagt Marguerite. Diese Schranke hat sich uns aber auch regelrecht in den

Weg gestellt, muss ich sagen. Und ganz ehrlich – ich wusste von Anfang an, dass du dagegenfahren würdest. Ich lächle gegen meinen Willen und sage, das erzählst du aber nicht Ernest, ja? – Ha, ha, jetzt hab ich dich in der Hand!, lacht Marguerite. Sie ist großartig. Ich hätte lieber sie heiraten sollen als ihren Bruder. In meiner Handtasche klingelt mein Handy. Odile hat mir einen schrillen Klingelton installiert, weil sie glaubt, ich wäre taub. Außer Odile und Ernest und meinem Schwiegersohn Robert ruft mich keiner auf diesem Apparat an. – Hallo? – Maman? – Ja? – Wo bist du? – Im Bois de Boulogne. – Aha. Mach dir keine Sorgen, aber Papa hat mit seinen Freunden vom Dritten Zirkel gegessen, und dabei ist ihm unwohl geworden. Das Restaurant hat eine Ambulanz gerufen, und sie haben ihn in die Pitié gebracht. – Unwohl? … – Bist du immer noch mit Marguerite unterwegs? – Ja … – Habt ihr etwas Hübsches gefunden? Ich sage, wie, unwohl? Wo bist du, Odile? Odiles Stimme klingt dumpf, wie aus einer Höhle. – Im Krankenhaus, in der Pitié-Salpêtrière. Die machen eine Koronarangiografie bei ihm, um zu sehen, ob die Bypässe verstopft sind. – Ob was? Die machen was? – Wir warten die Untersuchungen ab. Mach dir keine Sorgen. Und sag mal, hast du das Kleid von Franck und Söhne anprobiert, Maman?

Robert Toscano

Plötzlich, beim Verlassen des Leichenschauhauses in der Rue Bruant, das sie Amphitheater nennen, in dem Augenblick, als die Männer Ernests Sarg in den Kofferraum hieven, wird meine Schwiegermutter Jeannette von einem unerklärlichen Entsetzen gepackt und weigert sich, in den Leichenwagen zu steigen. Sie soll dort mit Marguerite und dem Bestatter Platz nehmen, der sich heute Zeremonienmeister nennt, und wir sollen ihnen mit Odile und meiner Mutter im VW nachfahren zum Krematorium von Père-Lachaise. Meine Schwiegermutter, ungewohnte Absätze an den Füßen, weicht bis zur Mauer zurück (und stürzt fast dabei), wie ein Tier, das zur Schlachtbank geführt werden soll. Den Rücken unter dem blendenden Licht an den Stein gepresst, vollführt sie große, hektische Fuchtelbewegungen und fordert den Mercedes-Kombi auf, ohne sie loszufahren, während Marguerite sie erschrocken aus dem Wageninnern beobachtet.
– Maman, Maman, sagt Odile, wenn du nicht bei Papa einsteigen willst, tue ich es. Du kannst bei Robert und Zozo einsteigen. Sie nimmt sanft ihren Arm und führt sie zum VW, in dem meine Mutter, erschöpft von der Hitze (der Sommer ist mit einem Schlag gekommen), auf dem Beifahrersitz wartet. Der Bestatter überschlägt sich, um ihr die hintere Tür

aufzuhalten, aber Jeannette stottert irgendetwas, das wohl heißen soll: Ich will vorn sitzen. Odile flüstert, Maman, ich bitte dich, das hat doch keine Bedeutung. – Ich will Ernest folgen. Da ist mein Mann drin! – Soll ich bei dir bleiben, Maman? Marguerite kann auch allein beim Sarg mitfahren, sagt Odile und wirft mir einen Blick zu, der heißen soll, setz deine Mutter um. Bestimmt habe ich nicht richtig reagiert, denn schon hat Odile ihren Kopf ins Auto gesteckt: Zozo, ob Sie wohl so freundlich sein könnten, sich nach hinten zu setzen, Maman jagt die Vorstellung Angst ein, in den Mercedes einzusteigen? Meine Mutter schaut mich an, als wollte sie sagen, ich habe ja wirklich schon alles erlebt. Ohne ein Wort und in aller Ruhe schnallt sie sich ab, greift nach ihrer Handtasche und windet sich aus dem Sitz, wobei sie das Arthritisch-Unbequeme der Bewegung betont. Vielen Dank, Zozo, sagt Odile, das ist sehr großherzig. Immer noch wortlos und mit derselben Schwerfälligkeit plaziert meine Mutter, sich Luft zufächelnd, ihren Körper auf der Rückbank. Jeannette setzt sich ohne ein Dankeswort nach vorn, aus ihrem Gesicht spricht, dass sie sowieso ihren Platz auf der Welt verloren hat. Odile steigt zu ihrer Tante und dem Bestatter in den Mercedes. Ich setze mich ans Steuer, um ihnen bis zum Père-Lachaise nachzufahren. Nach einer Weile fragt Jeannette, mit dem Gesicht fast an der Windschutzscheibe, also am schwarzen Kofferraum des Mercedes, hat sich Ihr Mann kremieren lassen, Zozo? – Kremieren, wiederholt meine Mutter, was für ein seltsames Wort! – So heißt es aber, sagt Jeannette, verbrennen tut man Küchenabfälle. – Nie gehört, sagt meine Mutter. – Mein Vater liegt auf dem Friedhof von Bagneux,

schalte ich mich ein. Jeannette scheint über diese Informa-
tion nachzusinnen, dann dreht sie sich um und fragt, wollen
Sie, dass man Sie daneben legt? – Gute Frage, sagt meine
Mutter. Wenn es nur von mir abhinge, nie im Leben. Ich hasse Bagneux. Da kommt kein Mensch zu Besuch. Absolut hin-
terwäldlerisch. Der Mercedes vor uns fährt entnervend langsam. Gehört das zum Zeremoniell? Wir halten an einer roten
Ampel. Ein vieldeutiges Schweigen ist eingekehrt. Mir ist
heiß. Meine Krawatte schnürt mich ein. Ich habe einen zu
warmen Anzug angezogen. Jeannette sucht irgendwas in ihrer Handtasche. Dieses halb gedämpfte Klicken und Leder-
reiben, das ihr Gefummel hervorruft, ertrage ich nicht. Außerdem seufzt sie dazu, und ich ertrage auch keine Leute, die
seufzen. – Was suchst du, Jeannette?, frage ich nach einer
Weile. – Die Seite aus *Le Monde*, ich hatte noch nicht mal
Zeit, sie zu lesen. Ich versenke meine rechte Hand in ihrer
Tasche und ziehe den zusammengefalteten, zerknitterten
Artikel heraus. – Kannst du ihn laut vorlesen? Jeannette setzt
ihre Brille auf und artikuliert mit trübsinniger Stimme: »Ernest Blot verstorben. Ein ebenso einflussreicher wie ver-
schlossener Bankier. Ernest Blot, geboren 1939, ist in der
Nacht auf den 23. Juni im Alter von dreiundsiebzig Jahren
von uns gegangen. Mit ihm verschwindet eine jener Persön-
lichkeiten der französischen Hochfinanz, die ursprünglich
aus dem öffentlichen Dienst kommen und deren Geschick
im Umgang mit Menschen nur noch von ihrer Diskretion erreicht wird. Nach dem Abschluss 1965 als Bester seines Jahr-
gangs an der École Nationale d'Administration«, siehst du,
als Bester, das hatte ich ganz vergessen, »geht er zur General-

inspektion für Finanzen. Zwischen 1969 und 1978 gehört er zum persönlichen Mitarbeiterstab mehrerer Minister, ist Fachberater …« und so weiter, das kennen wir alles … »1979 geht er zur Wurmster-Bank, die gleich nach dem Ersten Weltkrieg gegründet wurde und etwas veraltet war, er wird ihr Generaldirektor und dann, 1985, ihr Präsident und Generaldirektor. Schritt für Schritt verwandelt er sie in eines der führenden Finanzinstitute Frankreichs neben Frères Lazard und Rothschild und Co.« … und so weiter … »Er ist Autor einer Biografie von Achille Fould, dem Finanzminister der II. Republik (Éditions Perrin, 1997). Ernest Blot war Großoffizier des nationalen Verdienstordens und Kommandeur der Ehrenlegion …« Kein einziges Wort über seine Frau. Ist das normal? Den Achille Fould hab ich nie aufgeschlagen. Davon hat er drei Exemplare verkauft. Mir wurde beim Lesen übel. Meine Mutter sagt, man erstickt ja in diesem Wagen, magst du die Klimaanlage hochdrehen, mein Schatz? – Keine Klimaanlage, schreit Jeannette, keine Klimaanlage, das macht mir einen dicken Kopf. Ich werfe einen Blick in den Rückspiegel. Meine Mutter hat sich darauf eingestellt, der Witwe des Tages nicht zu widersprechen. Sie hat lediglich den Kopf nach hinten gekippt und den Mund aufgeklappt wie ein Karpfen. Jeannette holt einen Taschenventilator mit transparenten Flügeln aus ihrer Handtasche. – Hier, Zozo, das erfrischt. Sie schaltet ihn ein. Er klingt wie eine wild gewordene Wespe. Sie beschreibt zwei Kreise um ihr Gesicht und hält ihn dann meiner Mutter hin. – Nicht nötig, japst meine Mutter. – Versuchen Sie mal, Zozo, ganz bestimmt. – Nein danke. – Nimm ihn doch, Maman, dir ist heiß. – Es geht mir sehr gut, lass mich in Frieden. Jeannette gönnt sich noch einen Hauch Ventilator links und rechts am Hals. Und meine Mutter sagt mit Grabesstimme direkt hinter meinem Ohr, ich bin deinem Vater immer noch böse, dass er diese jämmerliche Grabstätte nicht wieder verkauft hat. Wenn ich sterbe, Robert, lass uns umbetten. Leg uns in die Stadt. Paulette hat mir gesagt, es gäbe noch Grabstätten im jüdischen Teil von Montparnasse. Der Mercedes biegt links ein, beschreibt einen majestätischen Kreis und lässt flüchtig die stummen Profile von Odile und Marguerite erkennen. Jeannette sagt, ich empfinde überhaupt nichts. Sie wirkt verloren. Die Arme hängen am Körper herab, die offene Handtasche steht auf ihren Knien, der Ventilator summt in ihrer reglosen Hand. Ich weiß, ich müsste ihr antworten, einen Kommentar abgeben, aber mir fällt nichts ein. Ernest hatte einen wichtigen Platz in meinem Leben. Er interessierte sich für meine Arbeit (ich las ihm bestimmte Artikel vor, bevor ich sie an die Zeitung schickte), fragte nach, polemisierte, so wie ich es mir von meinem Vater gewünscht hätte (mein Vater war wohlwollend und liebevoll, aber er verstand sich nicht darauf, der Vater eines erwachsenen Mannes zu sein). Wir riefen uns fast jeden Morgen an, um Syrien abzuwickeln oder den Iran, die Naivität des Westens und die Anmaßung Europas zu kritisieren. Das war sein Steckenpferd. Die Tatsache, dass wir nach tausend Jahren Massakern in die Kategorie der Besserwisser gewechselt waren. Ich habe einen Freund verloren, der über eine Vision vom Dasein verfügte. Das ist ziemlich rar. Die Leute haben keine Vision vom Dasein. Sie haben nur Meinungen. Immer wenn ich mit Ernest redete, fühlte ich mich weniger einsam. Ich weiß, dass es für Jeannette bestimmt nicht jeden Tag lustig war. Einmal (er wollte zu einer Währungskonferenz aufbrechen) schüttete sie ihm eine Tasse Kaffee ins Gesicht. Du bist ein niederträchtiger Mensch, du hast mir mein Leben als Frau verpfuscht. Ernest hatte sie gefragt, während er seine Jacke abtupfte, dein Leben als Frau? Was ist das, ein Leben als Frau? Als ich Odile kennenlernte, sagte er zu mir, ich warne dich, sie kann einem auf den Wecker gehen, und ich danke dir, dass du mich von ihr befreist. Und später, mach dir keine Sorgen, mein Junge, die erste Ehe ist immer schwer. Ich fragte ihn, Sie waren also mehrmals verheiratet? – Nein, eben nicht. Hinten spricht meine Mutter. Ich brauche einen Moment, um aus meinen Gedanken aufzutauchen und ihre Worte zu verstehen. Sie sagt, man empfindet erst hinterher etwas. Wenn das ganze Tralala des Todes vorbei ist. – Wenn das Tralala vorbei ist, werde ich nichts als Groll empfinden, sagt Jeannette. – Du übertreibst, sage ich. Sie schüttelt den Kopf, hatten Sie einen guten Ehemann, Zozo? – Öhhh … sagt meine Mutter. – Was willst du damit sagen, Maman? Du warst doch glücklich mit Papa, oder? – Unglücklich war ich nicht. Nein. Aber weißt du, ein guter Ehemann treibt sich nicht herum. Wir fahren schweigend die Avenue Gambetta hoch. Die Bäume spenden einen flirrenden Schatten. Jeannette wühlt wieder in ihrer Handtasche herum. Irgendjemand hupt zu meiner Linken. Ich will schon losschimpfen, als ich auf unserer Höhe die (dem Anlass einer Beerdigung gemäß) lächelnden Gesichter der Hutners erkenne. Lionel fährt, Pascaline beugt sich aus dem Fenster, um Jeannette zuzuwinken. Ich werfe einen kurzen Blick nach hinten. Bevor ich wieder beschleunige, habe ich noch genug Zeit, ihren Sohn Jacob zu erkennen, der aufrecht und selbstbewusst auf der Rückbank sitzt, eine Art indischen Schal um den Hals geschlungen. – Ihr habt die Hutners eingeladen?, fragt Jeannette mit leidender Stimme. – Wir haben unsere engsten Freunde eingeladen. Die Hutners haben Ernest sehr gemocht. – O Gott, das bringt mich um, all diese Leute begrüßen zu müssen. Das bringt mich alles um. Dieses Mondäne. Wegen dieser Scheiß-Kremierung. – Kremation, verbessere ich. – Ach, Scheiß-irgendwas, er nervt mich, dieser Totengräber mit seinen bescheuerten Wörtern! Sie klappt den Schminkspiegel in der Sonnenblende herunter und wirft einen prüfenden Blick auf ihr Gesicht. Während sie ihren Lippenstift nachzieht, sagt sie, weißt du, wen ich aber eingeladen habe? Raoul Barnèche. – Wer ist das? – Es gibt etwas, das ihr alle nicht wisst, sogar Odile nicht, etwas, das in keiner Zeitung stehen wird und das ich ganz allein getragen habe. Als er 2002 von seiner Bypass-Operation zurückkam, hatte Ernest eine richtig düstere Phase. Düster von morgens bis abends. Er lag in seinem Sessel, unter dem Bild von dem Einhorn, er stocherte auf seinem Teller herum und wollte keine Reha machen. Er dachte, er wäre am Ende. Albert, sein Chauffeur, kam auf die Idee, ihm seinen Bruder vorzustellen, der ein Champion im Kartenspiel ist. Dieser Typ, Raoul Barnèche, ein schöner Mann, du wirst sehen, eine Art Robert Mitchum, kam fast jeden Tag, um mit ihm Gin-Rommé zu spielen. Um Geld. Immer größere Summen. Das hat ihn wieder zum Leben erweckt. Ich musste dem einen Riegel vorschieben, bevor er sich restlos ausnehmen ließ. Aber das war seine Rettung. Wir fahren auf dem Friedhof ein, beim Aufbahrungsraum an der Rue des Rondeaux. Der Mercedes bleibt vor der Neo-Basilika stehen. Auf den Treppen und zwischen den Säulen sind Menschen. Ich kann Jeannettes Widerstreben nachempfinden. Odile und Marguerite sind schon draußen. Ein Mann in Schwarz weist mir den Parkplatz zur Linken an. Ich sage zu den Frauen, wollt ihr schon aussteigen? Keine der beiden will aussteigen, und ich verstehe sie. Ich parke. Wir gehen an dem Gebäude entlang. Odile kommt ihrer Mutter entgegen. Sie sagt, da sind über hundert Leute, die Türen zum Saal sind noch geschlossen. Ich sehe Paola Suares, die Condamines, die Hutners, Marguerites Kinder, Dr. Ayoun, zu dem ich Ernest mehrmals gebracht habe. Jean Ehrenfried erklimmt die Stufen eine nach der anderen, gestützt von Darius Ardashir, der ihm die Krücke trägt. Etwas abseits, neben einem Busch, erkenne ich Albert, den Chauffeur meines Schwiegervaters. Er hat einen anderen Mann mit Mafiabrille dabei, dem Jeannette zulächelt. Sie kommen uns entgegen. Albert legt seine Arme um meine Schwiegermutter. Als er sie wieder loslässt, sind seine Augen feucht, und sein Gesicht scheint geschrumpft zu sein. Er sagt, siebenundzwanzig Jahre. Jeannette wiederholt die Zahl. Ich frage mich, ob Jeannette sich im Klaren ist, was er alles im Lauf dieser siebenundzwanzig Jahre gesehen und ihr verborgen haben kann. Sie dreht sich dem brünetten Mann mit seiner Cordjacke zu und nimmt seine Hand, so nett von Ihnen, dass Sie gekommen sind, Raoul. Der Mann nimmt seine Brille ab und sagt, ich bin zutiefst betroffen. Jeannette lässt seine

Hand nicht los. Sie schüttelt sie mit kleinen ruckartigen Bewegungen. Etwas peinlich berührt lässt er sie gewähren. Sie sagt, Raoul Barnèche. Er hat mit Ernest immer Gin-Rommé gespielt. Es stimmt, er hat was von Robert Mitchum. Ein Grübchen am Kinn, aufgedunsene Augen und eine rebellische Tolle. Jeannette ist ganz rosig. Er lächelt. Auf dem Vorplatz des Krematoriums, unter dem einheitlich blauen Himmel, klammert sich meine Schwiegermutter, während Familie, Freunde und Honoratioren auf sie warten, an diesen Mann, von dem ich noch nie etwas gehört habe. Ich spüre Bewegung ringsum. Die Türen des Saals zwischen den Säulen tun sich auf. Ich suche meine Mutter, die sich in Luft aufgelöst hat. Ich entdecke sie bei den Hutners am Fuß der Treppe. Odile tritt zu uns. Sie umarmt Jacob herzlich, wie lange hab ich dich schon nicht mehr gesehen, bist du wieder größer geworden? Mit langsamer, dünner Stimme und starkem Québecer Akzent sagt Jacob, Odile, weißt du, ich habe ja auch meinen Vater verloren, das war natürlich eine schwere Zeit, aber er hat einen Platz tief in meinem Herzen. Er legt seine beiden Hände übereinander auf die Brust und fügt hinzu, ich weiß, dass er dort drinnen bei mir ist. Odile wirft mir einen entsetzten Blick zu. Ich reagiere mit einem beruhigenden Wimpernschlag. Mit den Lippen forme ich stumm einen Ersatz für »Ich erklär's dir später«. Ich nehme Lionel, dessen Gesicht versteinert ist, am Arm, meine Mutter auf die andere Seite. Sie will gerade einen Kommentar abgeben, während wir die Steinstufen hochgehen, und durch Druck auf den Arm lege ich ihr Zurückhaltung nahe. Der Saal füllt sich in aller Stille. Ich bringe meine Mutter und die Hutners zu ihren Plätzen und spiele meine Rolle als Hausherr zwischen den Bankreihen. Ich begrüße die Familienangehörigen, Ernests bretonische Vettern, André Taneux, einen seiner Kommilitonen an der École Nationale d'Administration, der Erster Präsident des Rechnungshofs war, den Boss meines Medienkonzerns (dessen lächerlichen Dreitagebart Odile gut findet), Unbekannte, den Büroleiter des Finanzministers, den Chef der Generalinspektion für Finanzen, frühere Kollegen aus der Generalinspektion, die sich spontan vorstellen. Darius Ardashir macht mich mit dem Vorstandsvorsitzenden des Dritten Zirkels bekannt. Ich stoße wieder auf Odile, inmitten der Angestellten der Wurmster-Bank. Sie hat sich ihre kleine Frau-Anwältin-Toscano-Frisur gemacht. Sie ist tapfer. Sie murmelt mir ins Ohr: Jacob?! ... Ich habe keine Zeit zu antworten, weil der Zeremonienmeister uns auffordert, in die erste Reihe zu kommen, wo Marguerite, die Kinder und Jeannette sitzen. Die Anwesenden erheben sich. Ernests Sarg kommt in das Schiff der Kapelle. Die Träger setzen ihn auf Böcke am Fuß der Stufen, die zum Katafalk hinaufführen. Der Bestatter hat sich ans Pult gestellt. Hinter ihm, über dem doppelten Treppenlauf, der das Podium umgibt, ist eine gemalte Stadt zu sehen, halb Jerusalem, halb Babel, übersät von biblischen Pappeln, in eine oberkitschige blaue Dämmerung voller Sterne getaucht. Der Bestatter ruft zu einer Schweigeminute auf. Ich stelle mir Ernest vor, wie er in seinem taillierten Lanvin-Anzug aus den Sechzigern, den Jeannette ausgewählt hat, da drinliegt. Auch ich, sage ich mir, werde eines Tages in der Totenkiste ersticken, mutterseelenallein. Odile genauso. Und die Kinder. Und alle

Anwesenden, mit oder ohne Dienstgrad, mehr oder weniger alt, mehr oder weniger glücklich, damit beschäftigt, ihren Rang unter den Lebenden aufrechtzuerhalten. Ernest trug diesen Anzug jahrelang. Auch als er völlig außer Mode war, auch als sein Bauch ihm den taillierten Zweireiher hätte verbieten sollen. Einmal, als er aus Brüssel zurückfuhr, bei Tempo hundertachtzig und selbst am Steuer, hatte Ernest eine Tüte Chips mit Barbecue-Geschmack, ein Hühnchensandwich und einen Nougatriegel gegessen. Nicht mal fünf Minuten später war er zu einer Aga-Kröte mutiert, erwürgt von seinem Lanvin-Anzug und dem Sicherheitsgurt. Er fuhr ein Peugeot-Kabrio, und als er in Paris ankam, hatte eine Taube auf ihn geschissen. Ich suche die Hutners. Sie haben sich an das Ende einer Reihe umgesetzt, direkt vor die Condamines. Jacob sitzt ganz außen. Bescheiden und zurückhaltend, denke ich, wie ein Mensch, der keine Aufmerksamkeit auf sich ziehen will. André Taneux ist an die Stelle des Zeremonienmeisters hinter dem Pult getreten. Sehr geschickt zurückgefönte, radikal braungefärbte Haare (etwas violett in dem diffusen Licht, das durch die Kirchenfenster dringt). Trotz Odiles und Jeannettes Widerstreben hat er darauf bestanden, etwas zu sagen. Er entfaltet langsam sein Blatt und korrigiert unnötigerweise den Sitz des Mikros. »Eine imposante Gestalt wurde aus unserer Mitte gerissen und hinterlässt in ihrem Kielwasser den Duft von Gauloises und Aristokratie. Ernest Blot verlässt uns. Wenn ich mich heute hier zu Wort melde, Jeannette, herzlichen Dank, so deshalb, weil wir mit Ernest nicht nur einen uns teuren Menschen verlieren. Wir verlieren einen glücklichen Moment unserer Geschichte.

Gleich nach dem Krieg kam in Frankreich, im Angesicht der Trümmer, unerwartet eine jener Parteien auf, denen es gelang, Männer mit den verschiedensten Horizonten und Überzeugungen zu vereinen, Gläubige wie Atheisten, Linke wie Rechte: die Partei der Modernisierung. Es hieß, im selben Zug den Staat und das Gewebe der Unternehmen wiederaufzubauen, die Spartätigkeit wiederaufzunehmen und sie in den Dienst des Wachstums zu stellen. Unser Freund Ernest Blot war eine der Leitfiguren dieser Partei. École Nationale d'Administration, Generalinspektion für Finanzen, persönlicher Mitarbeiterstab mehrerer Minister, Hochfinanz: eine kontinuierliche Lebenslinie zu einer Zeit, die leider vergangen ist, in der die Absolventen der École Nationale d'Administration keine Technokraten waren, sondern Aufbauer, in der der Staat nicht für Konservatismus stand, sondern für Fortschritt, in der die Banken nicht gleichzusetzen waren mit dem verrückt gewordenen Geld eines globalisierten Kasinos, sondern mit der unermüdlichen Finanzierung des Wirtschaftsgefüges. Eine Zeit, in der einer, der was taugte, nicht Karriere oder Vermögen machte, sondern seinem Land diente, ob im öffentlichen oder im privaten Sektor, weder eitel noch korrupt. Meine Trauer über den Verlust von Ernest ist groß, aber ich tröste mich mit dem Gedanken, dass ein Gentleman eine Welt verlassen hat, zu der er nicht mehr passt. Ruhe in Frieden, mein Freund, fern einer Epoche, die deiner nicht wert ist.« – Und du, lauf schnell zum Friseur zum Nachfärben, flüstere ich Odile zu. Mit betrübt zusammengekniffenen Lippen faltet Taneux sein Blatt wieder zusammen und kehrt auf seinen Platz zurück. Der Bestatter wartet, bis seine Schritte auf dem Marmor verhallt sind. Er lässt einen Moment verstreichen und verkündet dann, Monsieur Ehrenfried, Geschäftsführer, ehemaliger Präsident und Generaldirektor von Safranz-Ulm Electric. Darius Ardashir beugt sich über Jean, hilft ihm dabei, aufzustehen und sich auf seine Krücke zu stützen. Jean hinkt vorsichtig zum Pult. Er ist mager, blass und trägt einen beige karierten Anzug, dazu eine gelb gepunktete Krawatte. Er stützt seine freie Hand auf das Pult, um das Gleichgewicht zu halten. Das Holz knirscht und hallt nach. Jean schaut auf den Sarg, dann nach vorn, bis ans Ende des Saals. Er holt weder Papier noch Brille hervor. »Ernest … du hast mich gefragt, was soll ich denn bloß auf deiner Beerdigung sagen? Und ich antwortete, du wirst das Loblied auf einen alten vaterlandslosen Juden singen, versuch zur Abwechslung mal ein bisschen tiefsinnig zu sein. Ich war älter als du und kränker, die umgekehrte Situation hatten wir nicht vorgesehen … Wir telefonierten regelmäßig. Ein Satz kehrte immer wieder: Wo bist du? Wo bist du? Wir waren oft kreuz und quer unterwegs, wegen der Arbeit, aber du hattest Plou-Gouzan L'Ic, dein Haus in der Nähe von Saint-Brieuc. Du hattest dein Haus und deine Apfelbäume in einem kleinen Tal. Wenn ich dich fragte, wo bist du, und du sagtest, in Plou-Gouzan L'Ic, dann war ich neidisch. Du warst wirklich irgendwo. Du hattest vierzig Apfelbäume. Pro Jahr machtest du hundertzwanzig Liter von einem scheußlichen Cidre, den ich am Ende mochte …« Er unterbricht sich. Er schwankt und hält sich am Pult fest. Der Bestatter scheint sich einschalten zu wollen, aber er hindert ihn daran. »Ein harter, rauher Cidre, um mit deinen Worten zu sprechen, in Plastikflaschen mit einem Verschluss wie ein Putzmittel, meilenweit entfernt von den verkorkten, perlenden Cidres der Bürger. Das war dein Cidre. Er kam von deinen Apfelbäumen und deiner Erde … Wo bist du jetzt? Wo bist du? Ich weiß, dass dein Körper zwei Meter von mir entfernt in diesem Sarg liegt. Aber du, wo bist du? Vor nicht langer Zeit sagte eine Patientin im Wartesaal meines Arztes folgenden Satz: Nach einer Weile ist selbst das Leben ein idiotischer Wert. Es stimmt schon, dass man auf den letzten Metern zwischen der Versuchung schwankt, dem Tod eine energische Antwort entgegenzuhalten (ich habe mir vor kurzem ein Fitnessrad für die Wohnung gekauft), und der Lust, sich einfach an wer weiß welchen dunklen Ort weggleiten zu lassen … Erwartest du mich irgendwo, Ernest? … Wo? …« Vielleicht war das nicht das letzte Wort. Es war kaum zu hören und könnte genauso gut auch die erste Silbe eines aufgegebenen Satzes sein. Jean schweigt. Er hat sich fast gänzlich zum Sarg gedreht. In mehreren winzigen Etappen, darum bemüht, nicht merken zu lassen, wie schwächlich sein Körper ist. Seine Lippen öffnen sich einen Spalt und schließen sich wieder, wie der Schnabel eines hungrigen Vogels. Der rechte Arm ist fest auf die Krücke gestützt und bringt sie zum Zittern. In dieser fragilen Haltung verharrt er lange, murmelt, könnte man meinen, dem Toten etwas ins Ohr. Dann blickt er wieder in den Saal, in Richtung Darius, der sofort herbeikommt, um ihn zu seinem Platz zurückzubegleiten. Ich drücke Odiles Hand und sehe, dass sie weint. Der Bestatter hat das Mikro wieder genommen und kündigt an, dass der Sarg von Ernest Blot jetzt zur Kremation überführt wird, was, so sagt er, dem Wunsch des Toten entspricht. Die Träger heben den Sarg wieder an. Die Anwesenden stehen auf. Die Träger erklimmen stumm die Stufen bis zum Katafalk, der lächerlich hoch und weit weg erscheint. Ein Mechanismus wird in Gang gesetzt. Ernest verschwindet.

Odile Toscano

– Deine Großmutter war in ihrem letzten Lebensjahr nicht mehr ganz richtig im Kopf, sagt Marguerite. Sie wollte ihre Kinder im Dorf abholen. Ich sagte, Maman, du hast doch keine Kinder mehr. Doch, doch, ich muss sie nach Hause bringen. Und wir zogen los, ihre Kinder zu holen, in Petit-Quevilly. Ich nutzte das, um sie mal wieder zum Gehen zu bewegen. Es war lustig, sechzig Jahre früher, Ernest und mich abzuholen. Wir sind jetzt an Rennes vorbei. Marguerite sitzt am Fenster, neben Robert. Seit wir losgefahren sind, ist sie so gut wie die einzige, deren Stimme zu hören ist. Sie redet sporadisch und ausschließlich an mich gerichtet (die beiden anderen haben sich in eine undurchdringliche Abgeschiedenheit zurückgezogen) und exhumiert dabei verschiedene Phasen aus der Vergangenheit der Toten. Wir sitzen in einem jener modernen Abteile, die zum Gang hin offen sind. Maman sitzt Marguerite gegenüber. Sie hat ihre Go-Sport-Tasche zwischen uns gekeilt. Sie wollte sie nicht oben auf die Ablage packen. Robert schmollt, seit er erfahren hat, dass wir in Guingamp umsteigen müssen. Das war ein Fehler meiner Sekretärin. Sie hat Paris-Guernonzé hin und zurück gebucht, mit einmal Umsteigen auf der Hinfahrt. Als Robert das am Bahnhof Montparnasse gemerkt hat, warf er uns vor, wir wollten immer alles verkomplizieren, dabei hätten wir ganz einfach mit dem Auto fahren können. Er stürmte auf dem Bahnsteig vornweg, widerlich, die schwarz-rosa gestreifte Go-Sport-Tasche mit der Urne unterm Arm. Ich begreife nicht, warum es diese Tasche sein musste. Marguerite auch nicht. Sie hat mir klammheimlich zugeflüstert, wieso hat deine Mutter Ernest da reingetan? Gab es keine elegantere Reisetasche? Hinter der Scheibe ziehen Lagerhallen und zersiedelte, triste Industriegebiete vorbei. In der Ferne Siedlungen und umgepflügte Felder. Ich schaffe es nicht, meine Rückenlehne richtig einzustellen. Es fühlt sich an, als würde sie mich nach vorne schubsen. Robert fragt, was ich da vorhabe. Ich störe ihn beim Lesen. Eine Hannibal-Biografie. Auf dem Umschlag steht als Inschrift das Juvenal-Zitat: »Hannibals Asche bringe zur Waage, wieviel Pfund wirst an dem großen Führer du finden?« Maman hat die Augen geschlossen. Die Hände auf den Oberschenkeln, lässt sie sich vom Geschaukel des Zuges wiegen. Ihr Rock sitzt zu hoch über der Bluse, die sie unsinnigerweise reingesteckt hat. Es ist lange her, dass ich sie richtig angeschaut habe. Eine wohlgenährte, müde Dame, die keiner beachtet. Als ich klein war, lief sie in Cabourg in einem Mousselinekleid mit schmaler Taille über die Promenade. Der helle Stoff wehte, und sie ließ ihre Einkaufstasche aus Segeltuch im Wind baumeln. Der Zug fährt ohne Halt durch Lamballe. Gerade genug Zeit, den Parkplatz zu erkennen, das rote Haus des Arztes (Marguerite verkündet es beinahe schreiend), die Gebäude des Bahnhofs, die Festungskirche. Alle Umrisse wirken verschwommen wie in einem tückischen Nebel. Ich denke an

Papa, der zum letzten Mal, in einer engen Sporttasche, durch die Stadt seiner Kindheit fährt. Ich habe Lust, Rémi zu treffen. Ich habe Lust auf etwas Spaß. Und wenn ich mal diese Brustwarzenklammern ausprobiere, von denen mir Paola erzählt hat? Arme Paola. Immer diese Achterbahn mit Luc (ich frage mich, ob Robert davon weiß). Wäre ich eine großzügige Freundin, würde ich sie Rémi Grobe vorstellen. Die würden sich mögen. Aber ich will Rémi für mich behalten. Rémi rettet mich vor Robert, vor der verstreichenden Zeit und vor allen Arten von Melancholie. Letzte Nacht lagen Robert und ich lange im Dunkeln, ohne etwas zu sagen. Irgendwann meinte ich, wer ist Lionel eigentlich jetzt für Jacob? Ich spürte, dass Robert nachdachte und keine Antwort wusste. Halt in Saint-Brieuc. Gleichförmige weiße Häuser in einer langen Reihe. Ein Waggon der Kooperative *Starlette de Plouaret – Bretagne*, der abseits vom Bahnsteig gestrandet ist. Die armen Hutners. Und andererseits, wem sonst konnte so was passieren? Der Zug fährt weiter. Marguerite sagt, die nächste ist Guingamp. Wenn wir nach Plou-Gouzan L'Ic fuhren, stiegen wir immer in Saint-Brieuc aus. Weiter bin ich noch nie gefahren. Papa hat mich nie über Plou-Gouzan L'Ic hinausgebracht, das Loch, wo er dieses verschimmelte Haus kaufte, das er liebte und das Maman und ich hassten. Luc hat Handschellen und Brustwarzenklammern besorgt, sagte Paola. Rémi kommt auf so was nicht. Aber ich werde die ja wohl nicht selber kaufen. Im Internet? Und wo lasse ich das Päckchen hinliefern? Guingamp, schreit Marguerite. Wir springen auf, als würde der Zug nur fünfeinhalb Sekunden halten. Marguerite und Maman stürzen sich auf die Türen. Robert schnappt sich die Go-Sport-Tasche. Ein Schild an einem verglasten Unterstand zeigt Brest an. Marguerite sagt, wir bleiben hier. Ein feuchter Windhauch bläst mir in den Nacken. Es ist kalt, sage ich. Marguerite protestiert. Sie will nicht, dass man was gegen die Bretagne sagt. Sie trägt ein blasslila Kostüm mit geschlossenem Kragen. Ein Seidenschal bedeckt ihre Schultern. Sie hat ihr Erscheinungsbild sorgfältig gestaltet, als führe sie zu einem Rendezvous. Mitten auf dem Bahnsteig sitzen die Leute, aufgereiht in dem Glaskäfig, auf einer einzigen Bank. Käsige Reisende, aneinandergepresst vor einem Haufen Gepäck. – Maman, sage ich, möchtest du dich setzen? – Da rein? Ganz sicher nicht. Sie zieht ihren Mantel über. Robert hilft ihr. Sie hat für den Anlass flache Schuhe angezogen. Sie blickt zur Bahnhofsuhr im alten Stil und zum Himmel, zu den Wolken, die langsam irgendwohin ziehen. Sie sagt, weißt du, woran ich gerade denke? An meine kleine Schwarzföhre. Würd ich ja gern mal sehen, wie die heute ausschaut. Maman hatte eine Schwarzföhre zwischen die Apfelbäume von Plou-Gouzan L'Ic gepflanzt. Papa hatte gesagt, deine Mutter glaubt wohl, sie würde ewig leben. Sie hat einen Schössling von fünfzehn Zentimetern gekauft, weil das billiger ist; und sie glaubt, sie könnte noch mit Simons Urenkel drum herumspazieren. Robert sagt, mit ein bisschen Glück geht die dir jetzt bis zur Schulter, Jeannette, falls sie zwischenzeitlich keiner beim Unkrautjäten ausgerupft hat. Wir lachen. Mir ist, als hörte ich auch Papa in der Tasche lachen. Schließlich sagt Maman, vielleicht hatte sie es zu eng, um zwischen all den Apfelbäumen wachsen zu können. Robert macht ein paar Schritte zum Ende des Bahnsteigs hin. Seine Jacke ist am Rücken zerknittert. Er marschiert an den Gleisen entlang, hält den Gegenstand der Reise fest umklammert, wechselt von einem Bein aufs andere, sucht nach wer weiß welchem Ausblick auf dem leeren Bahnsteig. Der Zug, den wir von Guingamp nach Guernonzé nehmen, macht Geräusche wie die Eisenbahn früher. Die Scheiben sind schmutzig. Wir fahren an Barackenlagern vorbei, an Getreidesilos, dann ist die Aussicht von einem Wall und Gestrüpp verstellt. Keiner sagt groß etwas. Robert hat Hannibal weggepackt (neulich sagte er über ihn: was für ein großartiger Mensch) und macht sich an seinem Blackberry zu schaffen. Guernonzé. Der Himmel ist aufgerissen. Wir verlassen den Bahnhof und stehen auf einem von weißen Gebäuden mit schwarzen Dächern umgebenen Parkplatz. Auf der gegenüberliegenden Seite befindet sich ein Ibis-Hotel. Marguerite sagt, das war früher ganz anders. Alles ist voller Betonklötze, Laternen und jungen Bäumen, die von Holzpflöcken eingepfercht sind, und dazwischen parken die Autos. Früher gab es das alles nicht, sagt Marguerite. Das Ibis auch nicht, das ist alles ganz neu. Sie hakt Maman unter. Wir überqueren den Kreisverkehr. Wir gehen auf einem schmalen Bürgersteig, an dem verlassene Häuser mit geschlossenen Fensterläden stehen. Die Straße beschreibt eine Kurve. Die Autos, die in beiden Richtungen fahren, streifen uns fast. – Da ist die Brücke, sagt Marguerite. – Die Brücke? – Die Brücke über die Braive. Es passt mir gar nicht, dass sie so nah am Bahnhof liegt. Ich hatte nicht erwartet, dass unsere Prozession so kurz sein würde. Marguerite zeigt auf einen Bau auf der anderen Seite und sagt, das Haus unserer Großeltern war gleich dahinter. Es ist halb abgerissen. Jetzt sitzt da eine Reinigung drin. Wollt ihr es sehen? – Muss nicht sein. – Da, wo jetzt dieser Bau steht, war eine Gartenanlage mit einem Waschhaus an der Braive. Da haben wir gespielt. Ich sage, habt ihr immer eure Ferien in Guernonzé verbracht? – Im Sommer. Und an Ostern. Aber Ostern war trist. Die Brücke hat ein schwarzes Eisengeländer. In Hängeschalen blühen Blumen. Ununterbrochen fahren Autos vorbei. Ein mehr oder weniger zugebauter Hügel in der Ferne bewegt Marguerite zu dem Satz, da oben war alles grün. – Verstreuen wir die Asche hier?, fragt Maman. – Wenn ihr wollt, sagt Marguerite. – Ich will gar nichts, sagt Maman. – Hier haben wir auch die Asche von Papa verstreut. – Und warum nicht auf der anderen Seite? Dort ist es viel schöner. – Weil die Strömung in dieser Richtung geht, sagt Robert. Der Immobilienmakler, sagt Marguerite und zeigt auf die Straße, die am anderen Ufer entlang verläuft, ist auch ganz neu, glaube ich. – Marguerite, bitte hör auf damit, uns zu erzählen, was es früher in dieser Stadt gab oder nicht gab, das ist uns allen wurscht, das interessiert keinen, sagt Maman. Marguerite zieht ein schiefes Gesicht. Mir fällt kein beschwichtigender Satz ein, weil ich mit Maman einer Meinung bin. Robert hat die Go-Sport-Tasche geöffnet. Er holt die Metallurne heraus. Maman schaut sich um, es ist schauderhaft, das am hellichten Tag zu machen, mitten im Verkehr. – Wir haben keine andere Wahl, Maman. – Das ist so läppisch. Wer macht es?, fragt Robert. – Du, Robert, du, sagt Maman. – Warum nicht Odile?, fragt Marguerite. – Robert macht es bestimmt besser. Robert hält mir die Urne hin. Ich kann diese Urne nicht anfassen. Seit sie uns im Krematorium ausgehändigt wurde, war es mir unmöglich, diesen Gegenstand in die Hand zu nehmen. Ich sage, sie hat recht, tu du es. Robert nimmt den ersten Deckel ab und gibt ihn mir. Ich stopfe ihn in die Tasche. Er schraubt den zweiten Deckel auf, ohne ihn abzunehmen. Er hält seinen Arm übers Geländer. Die Frauen klammern sich aneinander wie zwei verschreckte Vögel. Robert nimmt den zweiten Deckel ab und kippt die Urne um. Graues Sägemehl kommt heraus, verteilt sich in der Luft und fällt in die Braive. Robert drückt mich an sich. Wir betrachten den ruhigen Fluss, der von kleinen Wellen durchzogen ist, und die ihn säumenden Bäume, die sich zu schwarzen Flecken verlängern. Hinter uns fahren die Autos vorbei, immer lauter. Marguerite schneidet eine weiße Blüte aus einer der Hängeschalen ab und wirft sie hinunter. Die Blüte ist zu leicht. Sie fliegt nach links und bleibt, kaum ist sie auf dem Wasser gelandet, zwischen ein paar Steinen hängen. Auf der anderen Seite eines Stegs bereiten sich Kinder auf eine Kajaktour vor. – Was machen wir mit der Urne?, fragt Maman. – Die werfen wir weg, sagt Robert, der sie wieder in die Tasche gesteckt hat. – Wohin? – In einen Mülleimer. Da drüben ist einer an der Mauer. Ich schlage vor, wir gehen wieder zum Bahnhof. Und ich lade euch auf ein Glas ein, während wir auf den Zug warten. Wir verlassen die Brücke. Ich betrachte das Wasser, die Reihe der gelben Bojen. Ich verabschiede mich von Papa. Ich forme ein Küsschen mit den Lippen. An der Eckmauer angekommen, will Robert die Go-Sport-Tasche in den Mülleimer zwängen. – Was machst du da, Robert? Wieso wirfst du die Tasche weg? – Die ist grauenvoll. Damit machst du doch nichts mehr, Jeannette. – Doch, doch. Die benutze ich, wenn ich Sachen zu transportieren habe. Wirf sie nicht weg. – Maman, mische ich mich ein, in dieser Tasche war jetzt Papas Asche, einen anderen Zweck hat sie nicht mehr. – Das ist völlig idiotisch, sagt Maman, in dieser Tasche haben wir ein Gefäß transportiert, und basta. Robert, bitte hol diese bescheuerte Urne da raus, wirf sie weg und gib mir die Tasche zurück. – Diese Tasche ist zehn Euro wert, Maman! – Ich will diese Tasche wiederhaben. – Warum? – Weil! Ich war schon dämlich genug, mit hierherzukommen, jetzt will ich auch mal was entscheiden. Dein Vater ist in seinem Fluss, alles ist perfekt, und ich fahre mit meiner Tasche nach Paris zurück. Gib mir die Tasche, Robert. Robert hat die Tasche ausgeleert und hält sie Maman hin. Ich reiße sie ihm aus der Hand, Maman, ich bitte dich, das ist grotesk. Sie klammert sich an den Griff und jammert, das ist meine Tasche, Odile! Ich schreie, dieses Scheißding bleibt in Guernonzé! Ich stopfe sie in den Mülleimer an der Mauer. Ein hemmungsloses, herzzerreißendes Schluchzen ist zu hören. Marguerite hat die Hände und das Gesicht zum Himmel erhoben wie eine Pietà. Jetzt fange ich auch an zu weinen. – Das haben wir jetzt davon, na bravo, sagt Maman. Robert versucht sie zu beruhigen und von dem Mülleimer wegzubringen. Sie wehrt sich ein bisschen, dann lässt sie sich, an seinem Arm hängend, dazu bringen, den schmalen Bürgersteig zurückzugehen, fast taumelnd, ihr Körper schleift fast an der Steinmauer entlang. Ich sehe ihnen nach, ihm mit seinen zu langen Haaren und dem zerknitterten Jackenrücken, Hannibal, der aus der Jackentasche ragt, sie mit ihren flachen Schuhen, dem Rock, der unter dem Mantel hervor-lugt, und mir geht durch den Kopf, dass Robert der Verwais-tere von ihnen beiden ist. Marguerite putzt sich die Nase. Sie gehört noch zu den Frauen, die sich ein Stofftaschen-tuch in den Ärmel stecken, allzeit bereit. Ich umarme sie. Ich ergreife ihre Hand. Ihre warmen Finger umfassen meine Handfläche und drücken sie. Einige Meter hinter Robert und Maman gehen wir den Bürgersteig wieder hoch. Am Ende der Straße, vor dem Bahnhofsparkplatz, bleibt Mar-guerite vor einem niedrigen Haus stehen, dessen Öffnungen von roten Backsteinen eingefasst sind. Sie sagt, hier hat Er-nest bei den Dreharbeiten zu *Schienenschlacht* mitgemacht. – Hier? – Ja. Das haben mir die Großeltern erzählt. Ich war noch nicht auf der Welt. Er hatte sich da zwischen die Statis-ten gestellt, vor ein Bistro, das es nicht mehr gibt. Sie filmten einen Heukarren. Ernest stand direkt dahinter, er dachte, man würde zumindest seine Beine sehen. Inzwischen haben wir Robert und Maman an der Kreuzung eingeholt. – Er hat den Film fünf- oder sechsmal gesehen. Sogar als alter Mann, das kannst du bezeugen, Jeannette, hat er ihn sich noch ein-mal im Fernsehen angeschaut, in der Hoffnung, er würde seine siebenjährigen Beine sehen.

Jean Ehrenfried

»Vor ein paar Jahren, weißt du noch, Ernest, bevor du Plou-Gouzan L'Ic verkauft hast, da waren wir beide angeln. Du hattest eine Angelausrüstung gekauft, die du noch nie benutzt hattest, und wir zogen los, Forellen zu fangen oder Karpfen oder irgendeinen anderen Süßwasserfisch aus einem Fluss nicht weit von deinem Haus. Auf dem Pfad dorthin waren wir absurd glücklich. Ich hatte noch nie geangelt, du auch nicht, du hattest höchstens irgendwelche Muscheln am Meer gesammelt. Nach einer halben Stunde, vielleicht noch eher, biss etwas an. Du fingst an zu ziehen, irrsinnig glücklich – ich glaube sogar, ich half dir dabei –, und dann sahen wir am Ende der Angelschnur einen kleinen verschreckten Fisch zappeln. Das verschreckte wiederum uns, Ernest, du sagtest, was machen wir denn da, was machen wir nur? Ich schrie, lass ihn wieder frei, lass ihn frei! Es gelang dir, ihn loszumachen und wieder ins Wasser zu werfen. Umgehend packten wir alles zusammen. Auf dem Rückweg fiel kein Wort, wir waren ziemlich bedrückt. Und plötzlich bliebst du stehen und sagtest: Zwei Titanen.«